Christian Weymayr
Vergesst Fleisch!

Christian Weymayr ist promovierter Biologe. Seit 1987 arbeitet er als freier Wissenschafts- und Medizinjournalist, zum Beispiel für das Wirtschaftsmagazin «brand eins». Er ist Autor verschiedener Bücher, unter anderem zu den Themen Krebsvorsorge und Homöopathie.
Er sitzt im Vorstand des Deutschen Netzwerk Gesundheitskompetenz sowie im Wissenschaftsrat der Gesellschaft zur wissenschaftlichen Untersuchung von Parawissenschaften, und er lehrte Medizinjournalismus an der Westfälischen Hochschule in Gelsenkirchen.

Christian Weymayr

Vergesst Fleisch!

Wie wir klug die Welt ernähren

brandeinsbooks

Wie wichtig ist Fleisch für eine gesunde und genuss-
volle Ernährung? Eine Erkundungsreise mit Godo
Röben, der einst mitgeholfen hat, den Traditions-
betrieb Rügenwalder Mühle auf vegan zu wenden.

Christian Weymayr

Inhalt

1

Wandel

2013 bekam Godo Röben von einem langjährigen Freund ein Buch geschenkt. «Zehn Milliarden», so der Titel, skizzierte die Schockwellen der Bevölkerungsexplosion. Der Autor Stephen Emmott, ein britischer Computerspezialist bei Microsoft und Oxford-Dozent, hält in seinem Buch Rohstoffmangel und Klimakrise für unausweichlich und kommt zu dem Schluss, dass wir als Menschheit erledigt seien. Den letzten Satz des Buchs überlässt er einem Mitarbeiter: «Ich würde meinem Sohn beibringen, wie man mit einem Gewehr umgeht.»

Als Röben Emmotts Buch las, war er Geschäftsführer für Forschung & Entwicklung sowie Marketing bei der Wurstfirma Rügenwalder Mühle. Zusammen mit seinem Chef Christian Rauffus hatte er dort gerade einen radikalen Wandel eingeleitet: Sie hatten ihre Produktentwickler beauftragt, eine Mortadella aus Pflanzen zu kreieren – erst einmal unter dem Radar, um die Belegschaft nicht zu verunsichern.

Emmotts pessimistische Prognose brachte Röben nur kurz aus dem Tritt: «Ich bin ein positiver Mensch», sagt er. Zudem konnte er, Godo Röben, etwas gegen den üblen Ausgang der Geschichte tun: Er arbeitete in einer Branche, die mitverantwortlich war für Klimakrise und Ernährungsprobleme – er saß also am großen Hebel.

Emmotts Buch war rückblickend für Röben «die letzte Initialzündung». «Wenn wir eine globale Katastrophe verhindern wollen», hatte Emmott geschrieben, «müssen wir irgendetwas Radikales tun.» Allerdings glaubte er nicht daran, dass die Menschheit konsequent umschwenken würde. Röben schon. Immerhin hatte er sich vorgenommen, aus einem Traditionsunternehmen der Wurstbranche einen Veggie-Pionier zu machen.

Was ist dieser Röben für ein Typ? Müsste man ihn mit einem Wort beschreiben, wäre es wohl «bodenständig». Er hat sein ganzes Leben in Brake an der Niederweser verbracht, was auch beweist, dass man von der niedersächsischen Provinz aus globale Probleme angehen kann. Dafür braucht er weder Designerzwirn und Golfen mit der Hamburger High Society noch Taktieren oder Kungeln. Stattdessen hat Röben eine klare Vision und eine klare Sprache, mit der er auch die Braker an seinem Stammtisch erreicht. Dort ist er trotz Prominenz und Medienpräsenz immer noch der Godo, der irgendwas mit Wurst und Veggie macht, und ein gutes Stück Fleisch vom Tier schätzt – auch wenn er alles dafür tut, es zu ersetzen.

Er brennt nicht nur für die Idee vom alternativen Fleisch, er hat auch das Fachwissen, den Pragmatismus und den langen Atem, um aus der Idee eine Erfolgsstory zu machen. Das hat er bei Rügenwalder bewiesen und das beweist er jetzt als Berater und Investor. Dieses Buch begleitet Röben auf seinem Weg, der auf die Frage, warum man Tiere eigentlich ersetzen soll, eine simple Antwort gibt: weil Fleisch aus Pflanzen gut ist für die Tiere, gut für die Umwelt und gut für die Menschen.

Und warum lässt man dann das Fleisch nicht einfach weg, wie es Vegetarier und Veganer seit jeher tun? Weil das kein Vorbild für die Massen ist, die grundsätzlich nicht gerne verzichten und auf ihr Schnitzel zum Mittag und die Wurst zum Abendbrot schon gar nicht. Und weil die meisten, die auf Fleisch verzichten, nicht das Produkt ablehnen, sondern dessen Herstellung.

Schon heute lässt sich die Lust auf Tierisches mit den Produkten, die als Fleisch- und Wurstersatz in jedem Supermarkt zu kaufen sind, recht gut abpuffern. Aber das ist erst der Anfang. Mit Hochdruck werden noch schmackhaftere, nährstoffreichere und einfachere Produkte entwickelt, die sich von Tierprodukten kaum mehr unterscheiden, die zudem nicht teurer und ebenso gesund sind und die obendrein weniger leicht verderben. Bald also wird nahezu alles für alternatives Fleisch sprechen, das dann auch noch besser schmeckt und gut für die Gesundheit, den Geldbeutel und den Haushalt ist. Auch darum wird es in diesem Buch gehen.

Aber was ist mit dem sozialen Wert, den Tiere weltweit für große Teile der Bevölkerung haben? Immerhin sichern sie Lebensunterhalt, helfen beim Transportieren, dienen dem Ansehen, sind Absicherung für schwere Zeiten und können Frauen zur Selbstständigkeit verhelfen. In unseren Breiten sind Kühe auf der Weide und Schafe auf dem Deich Teil der Kulturlandschaft, die wir nicht missen wol-

Sicher ist,
dass wir nicht
weitermachen
können wie
bisher.

len. Doch all diese positiven Auswirkungen hat die industrielle Massentierhaltung, die etwa in Deutschland 97 Prozent des konsumierten Fleischs liefert, nicht, im Gegenteil.

Sicher ist, dass wir nicht weitermachen können wie bisher. Ob wir im Jahr 2080, wie die Vereinten Nationen prognostizieren, 10,4 Milliarden Menschen sein werden, oder ob der Peak schon im Jahr 2040 mit 8,5 Milliarden erreicht sein wird, wie die Initiative Earth4All in ihrem optimistischsten Szenario errechnet hat, ist nicht entscheidend. Entscheidend ist vielmehr, dass der Fleischkonsum bereits jetzt gigantisch ist und weltweit immer noch zunimmt, vor allem in mittelamerikanischen und asiatischen Ländern.

Und diese fleischlastige Ernährung ist nicht nur mit Tierleid, sondern auch mit einem Raubbau an der Umwelt erkauft: Für 1 Kilogramm Rindfleisch entstehen rund 100 Kilogramm Kohlendioxid und andere Treibhausgase und es müssen dafür mehr als 130 Kilogramm pflanzliche Nahrung und knapp 260 Liter Wasser aufgebracht werden. Danach folgen Schwein und weit danach Huhn. Etwa 70 Prozent der weltweiten Agrarfläche werden direkt oder indirekt für die Tierhaltung verwendet. Dabei liefern Tiere nur knapp 20 Prozent der Nahrungsenergie.

Langfristiges Ziel sollte es sein, den Tierverbrauch um 80 Prozent zu reduzieren. Und dafür wird es nicht reichen, an die Vernunft zu appellieren: Fleisch und Wurst müssen vielmehr aus anderen Rohstoffen als Tieren hergestellt werden – ob aus Pflanzen, ob aus echten, in Bioreaktoren gezüchteten Fleischzellen oder ob aus weiteren Proteinquellen. Und das ist kein frommer Wunsch, sondern schlichte Notwendigkeit: Alternatives Fleisch ist alternativlos.

2

Entwicklung

Im Veggie-Markt fasst nur Fuß, wer mit Leidenschaft dabei ist. Der Weg zum Erfolg kostet viel Geld und Nerven. «Ich rate allen davon ab, einfach mal auf den Zug aufzuspringen», sagt Godo Röben. Denn schon heute kommen die pflanzlichen Produkte, die bereits jetzt in den Supermärkten ausliegen, den tierischen Produkten oft verblüffend nahe – sie sehen so aus, fühlen sich so an, riechen so und schmecken auch so. Das ist Höchstleistung, und nur mit Höchstleistung spielt man da mit.

Den steinigen Weg, den Röben heute seinen Kunden prophezeit, ist er selbst gegangen. Er hat als einer der Ersten einem Fleisch- und Wurstfabrikanten alter Schule das Grünzeug schmackhaft gemacht. Das war 2012, also zu einer Zeit, in der Pflanzen ihre Daseinsberechtigung ausschließlich als Obst und Gemüse, oder in verarbeiteter Form als Mehl, Brot, Wein und Bier hatten. Schon damals glaubte Röben an einen großen Markt für Menschen, die den Geschmack von Fleisch lieben, aber Tierhaltung und -schlachtung aus ethischen und ökologischen Gründen ablehnen. So überzeugte er Christian Rauffus, den damaligen Chef der Rügenwalder Mühle, eine vegetarische Wurstlinie aufzubauen.

Mit dem Ausscheiden von Rauffus, mit dem ihn eine besonders vertrauensvolle Beziehung verband, war 2022 auch für Röben bei Rügenwalder Schluss. Seitdem berät er Unternehmen, die tierlose Produktlinien etablieren wollen, er sitzt im Beirat von Lebensmittelfirmen und beim niedersächsischen Wissenschaftsministerium und er investiert selbst.

Bittet man Godo Röben, über die Entwicklung der Veggie-Evolution einen großen Bogen zu spannen, unterscheidet er vier Phasen:

Veggie 1.0 – bis 2014: Tierfreie Produkte, die tierhaltigen nur näherungsweise gleichen sollen, gibt es vor allem in Reformhäusern und Bioläden. Eine Vegetarier-Klientel deckt sich dort mit Nischenprodukten ein, wenn sie doch einmal Lust auf ein Stück Wurst haben. So richtig befriedigt wird die Lust eher nicht. «Die ersten Tofu-Schnitzel waren nur etwas für Hardcore-Ethiker», sagt Jens Tuider von ProVeg International.

Veggie 2.0 – 2014 bis 2021: Seit 2014 wird der Januar als Veganuary begangen, der zu einer veganen Ernährung ermutigt und immer populärer wird. Erste Produkte von großen Erzeugern wie Rügenwalder und anderen Firmen kommen auf den Markt. Bei Rügenwalder macht 2014 die Mortadella den Anfang, denn die ohnehin hochprozessierte Wurst lässt sich in Textur und Geschmack relativ gut nachahmen. Worauf es ankommt, ist die möglichst große Ähnlichkeit mit den tierischen Vorbildern. Nach und nach gibt es auch Hack, Bacon, Speck, Frikadellen, Gyros, Schnitzel und vieles mehr. Der Regalplatz in den Super-

Gut die Hälfte der Menschen in Deutschland bezeichnet sich als Flexitarier.

märkten wird breiter, die Produktpalette vielfältiger, die Zahl der Anbieter größer. Vegane Produkte ergänzen die vegetarischen. Neben Fleisch und Wurst werden auch andere tierische Produkte ersetzt, allen voran Milchprodukte wie Milch, Käse und Joghurt, sowie Eier. Zielgruppe sind die vielen Flexitarier, die nicht ganz auf tierische Speisen verzichten, aber ihren Konsum stark einschränken wollen.

Veggie 3.0 – 2022 bis 2025: Klima und Gesundheit rücken in den Vordergrund. Die Hersteller achten vermehrt darauf, woraus ihre Produkte bestehen. Weite Lieferwege für exotische Zutaten sowie lange Listen von Zusatzstoffen, die Pflanzen wurstähnlich machen sollen – Stichwort «Chemiebaukasten» –, sind zunehmend verpönt. Angestrebt werden wenige, regionale Zutaten und gute Nährwerte. Veganismus wird Allgemeingut: So kündigt Aldi Süd an, bis Ende 2024 über das Jahr verteilt 1000 pflanzenbasierte Produkte anzubieten. Dafür will Aldi nicht nur sein veganes Sortiment ausbauen, sondern auch tierische Beiprodukte durch vegane Alternativen ersetzen, etwa Schokostreusel im Müsli. Auch die Bevölkerung zieht mit: Gut die Hälfte der Menschen in Deutschland bezeichnet sich als Flexitarier, die Zahl der Veganer steigt auf 1,5 Millionen. Der Markt für pflanzenbasiertes Fleisch wächst in Deutschland schneller als in jedem anderen europäischen Land. Etliche Rewe-Märkte bieten pflanzliche Produkte auch in der Fleischtheke an, in einigen Läden gibt es sogar rein vegane Theken.

Veggie 4.0 – ab 2025: Die alte Technik der Fermentation und die neue Technik der genetisch optimierten Präzisions-Fermentation wandeln Pflanzen- oder Pilzproteine in tierähnliche oder tierische Zutaten und Produkte um, etwa in Geschmacks- und Duftstoffe vom Lachs. Auch kultiviertes Fleisch erobert den Markt: Echte Tierzellen vermehren sich in Bioreaktoren, differenzieren sich zu Fett-, Bindegewebs- und Muskelzellen aus, verbacken zu Muskelgewebe und kommen schließlich als echtes Fleisch in den Handel, das aber ohne Tierleid auskommt und eine teilweise bessere Umweltbilanz aufweist. Die Nachbildung von Schlachtfleisch wird perfektioniert.

3

Tierverbrauch

Man kennt die Bilder, man weiß um das Elend. Und doch gelingt es den meisten, Ställe und Schlachthöfe auszublenden, wenn das Schnitzel goldknusprig lockt. Nicht anders ging es Godo Röben. Bis die Rügenwalder Führungsriege an einem schönen Frühsommertag im Jahr 2009 einen der größten Schlachthöfe Europas besuchte. Tagesdurchsatz: 25 000 Schweine. Ein Inferno des Todes, fabrikmäßig organisiert. Die schiere Masse an Tieren, die hier angekarrt, hineingetrieben, mit Gas betäubt, an Haken gehängt, aufgeschlitzt, zerlegt, verpackt und in Einzelteilen bis nach Asien verschickt wurden, drückte ihn nieder.

Ziemlich genau 50 Jahre zuvor hatte ein gewisser H. Jay Dinshah in einem Schlachthof im US-amerikanischen Philadelphia ein ähnlich verstörendes Erlebnis – und gründete daraufhin die American Vegan Society. Er gelobte, nicht zu ruhen, bis das letzte Schlachthaus geschlossen sei. Röben glaubt, dass uns das industriell organisierte Töten und Verwerten von Tieren irgendwann absurd vorkommen wird. Vielleicht, vermutet er, werden unsere Kindeskinder eines Tages stillgelegte Schlachthöfe als Mahnmale einer vergangenen Barbarei besuchen und fragen: Seid ihr damals komplett irre gewesen?

Der Fairness halber sei angemerkt, dass Tiere zu essen keine Luxusmarotte unserer Überflussgesellschaft ist. Der Mensch ist ein Allesfresser und Tiere zu essen, ist in seine DNA eingeschrieben. Es hat ja auch viele Vorteile: Tierisches Protein ist wertvoll, Tiere lassen sich mitnehmen und schlachten, wenn man dringend Nahrung braucht. Die Jäger der Urzeit hatten mit einem erlegten Mammut für längere Zeit ausgesorgt, und Regionen mit großer Kälte oder Hitze hätte der Mensch ohne tierische Nahrung gar nicht besiedeln können.

Dennoch haben wir uns mit unserem Tierverbrauch in eine missliche Lage gebracht, die wir nicht länger ignorieren können. Hier ein paar unschöne Fakten:

- Das Problem ist, dass wir so viele sind UND so viel Fleisch essen. Mega-Schlachthöfe sind die notwendige Konsequenz, anders wäre unsere Vorliebe für Schnitzel und Wurst gar nicht organisierbar. Im Deutschland des Spätmittelalters standen Tiere öfter auf dem Speiseplan als heute, da gab es allerdings auch noch viel weniger Menschen. Immerhin ist die Tendenz bei Schweinshaxe und Sülze seit einigen Jahren leicht rückläufig: 2018 aß jede Person in Deutschland im Schnitt 61 Kilogramm tierisches Fleisch, 2022 noch 52 Kilogramm. Rechnet man Tierfutter und Abfälle dazu, werden allerdings nicht 52, sondern 77,5 Kilogramm verbraucht. Über die Hälfte davon macht Schweinefleisch aus. International geht die Schere weit auseinander: Ein Bewohner der USA konsumiert jährlich 100 Kilogramm, ein Bangladescher oder Inder nur 4 Kilogramm. Im weltweiten Schnitt kommt eine Person auf 43 Kilogramm. Jedes Jahr nagt der Homo sapiens also mehr als 300 Millionen Tonnen Fleisch von den Knochen anderer Spezies.

- Massentierhaltung anstößig zu finden, dürfte inzwischen Konsens in der Bevölkerung sein. Was erst langsam ins Bewusstsein dringt, sind die Auswirkungen der Tierhaltung auf die Umwelt. In seinem Trendbericht «Fleisch der Zukunft» stellt das Umweltbundesamt fest, dass die weltweite Tierhaltung für weit über 15 Prozent der vom Menschen verursachten Treibhausgasemissionen verantwortlich ist und somit erheblich zum Klimawandel beiträgt. Die Gülle führt zu Überdüngung und Algenwachstum in Flüssen, Seen und Meeren. Etwa jeder vierte Liter Süßwasser, den Menschen der Natur entnehmen, wird direkt oder indirekt für die Tierhaltung verwendet.

- Auch der Landverbrauch für den Anbau von Futtermitteln ist erheblich: Für das Fleisch, das in Deutschland gegessen wird, reicht die hiesige Anbaufläche nicht aus. So sind wir ein Netto-Importeur von virtueller Ackerfläche und Grünland – eine Fläche von der Größe Mecklenburg-Vorpommerns außerhalb Deutschlands wird nur für unseren Tierkonsum beackert.

Die Alternativen müssen so attraktiv sein, dass sie die Lust auf tierisches Fleisch vergessen machen.

So kann es nicht weitergehen. Bundesgesundheitsminister Karl Lauterbach spricht von «Wahn». Es sei «in vielerlei Hinsicht vollkommen unvernünftig», Fleisch zu essen, so der Minister und oberste Vegetarier Deutschlands. Den Grund, warum sich dennoch so viele Menschen Schnitzel, Wurst und Frikassee schmecken lassen, liefert er allerdings gleich mit: «Ich habe sehr gerne Fleisch gegessen und von daher war der Abschied für mich nicht leicht.»

Den Abschied leichter zu machen, ist die einzige Möglichkeit, große Teile der Bevölkerung zu gewinnen. Denn für die meisten Verbraucher ist und bleibt die Fleischtheke der wahre Sehnsuchtsort. Und dort wird es den Konsumenten unglaublich leicht gemacht. War früher Fleisch ein teures Gut und der Sonntagsbraten eine besondere Mahlzeit, sanken die Preise in den vergangenen Jahrzehnten drastisch. Tierisches Fleisch liegt heute im Discounter zu Dumpingpreisen aus und ist oft billiger als Obst und Gemüse.

Wie kommen wir da wieder heraus? Ivo Rzegotta vom Good Food Institute Europe ist sich sicher: «Es ist völlig unrealistisch, dass die Menschen in ein paar Jahren sagen, jetzt haben wir es verstanden und essen nur noch Kichererbsen.» Selbst Menschen, die bereits dem Tierkonsum abgeschworen haben, sind Anfechtungen ausgesetzt: 30 bis 50 Prozent der Vegetarier und Veganer sind potenziell rückfallgefährdet, schätzt Jens Tuider von ProVeg International, der Nachfolgeorganisation des deutschen Vegetarierbunds: «Auch mir läuft manchmal das Wasser im Mund zusammen, wenn ich an einem Grill vorbeigehe.» Deshalb sei es enorm wichtig, Alternativen für jene schwachen Momente zu schaffen, in denen die Lust auf Fleisch übermächtig wird. Und die Alternativen müssen so attraktiv sein, dass sie die Lust auf tierisches Fleisch vergessen machen.

4

Transformation

Die erste Veggie-Mortadella war fertig. Godo Röben fand die Arbeit der Rügenwalder-Entwickler so gut, dass er auch die Kolleginnen und Kollegen kosten lassen wollte – und zwar ohne sie einzuweihen. Verkostungen waren Routine, an jedem Freitag traf sich die Führungsebene zum Probeschmaus. Es ging dann um Fragen wie: Macht ein Quäntchen mehr Muskat die Schinken Spicker noch würziger? Soll die Pommersche eine Line-Extension mit Schnittlauch bekommen? War man mit dem neuen Produkt XY auf dem richtigen Weg?

Manchmal stand man nur zusammen und reichte den Teller mit den Kostproben herum. Meist aber ging man die Sache wissenschaftlicher an: Am runden Tisch für maximal 10 Personen fuhren dann Trennwände hoch, sodass die Teilnehmenden nicht sehen konnten, was die Nachbarn aßen, tranken und vor allem, was sie in den Bewertungsbögen notierten.

So verkosteten sieben oder acht Personen nichts ahnend die scheinbar normale Mortadella. Doch nur eine Probe war vom Schwein, zwei andere waren vegetarisch. «Das Schönste, was passieren kann, ist dann auch passiert», erinnert sich Röben. Nicht alle Probanden schmeckten die Unterschiede heraus, so ähnlich war die fleischlose Mortadella der vom Schwein. Keiner kam drauf, dass sie hier tierfreie Wurst aßen. «Wenn du diese Fachleute schon hinter die Fichte führen kannst», sagte sich Röben, «dann haben wir ein gutes Produkt.»

Ein triumphaler Moment? Nicht unbedingt. Manche mäkelten im Nachhinein, sie hätten sich gleich gedacht, dass da was nicht stimme. «Die meisten aber waren beeindruckt», so Röben. Doch die Sektkorken knallen zu lassen, war nicht ihre Art. Vielleicht war das typisch norddeutsch. Sie tranken gerne mal ein Bier zusammen, machten Fahrradtouren und Betriebsfeiern, aber einzelne Erfolge groß zu feiern, kam nicht vor. Sehr typisch kommentierte einer nach der Verkostung in feinem Küstenslang: «Jo, haste ja ganz gut hingekricht, dann mach ma weider.»

Von nun an mussten sie das Projekt Veggie nicht mehr unter dem Radar halten, sondern konnten es offiziell vorantreiben. Als Nächstes stand ein Test in der Öffentlichkeit an. Zuerst durch quantitative und qualitative Erhebungen, wie gut die Wurst externen Testessern schmeckt. Und dann durch eine probeweise Markteinführung. Meist wird dafür ein Ort, etwa Buxtehude bei Hamburg, zur Testregion: Die Supermärkte stellen das Produkt ins Regal, lokale Fernsehspots sorgen für Aufmerksamkeit. So sieht man, ob die Kunden darauf anspringen. Bei der Veggie-Mortadella testeten sie in Hamburger Supermärkten, allerdings ohne TV-Spots.

«Wir waren da sehr akribisch, damit wir keinen Flop einfahren», sagt Röben. Schließlich würden sie an die

Nur etwa
die Hälfte der
Probanden
erkannte den
Burger mit
echtem
Rindfleisch.

30 Millionen Euro investiert haben, bis es die Wurst das erste Mal zu kaufen gab. Als die vegetarische Mortadella dann 2014 bundesweit an den Start ging, waren sie relativ sicher, dass sie ein Erfolg wird – Betonung auf «relativ». Eine Garantie gab es natürlich nicht, schließlich floppen 9 von 10 neu eingeführten Lebensmitteln. Und einmal eine schlechte Bewertung durch Stiftung Warentest, «und das Ding ist tot».

So eine vernichtende Beurteilung ist bislang ausgeblieben. Stattdessen bestätigte ein Versuch mit Burger-Pattys das Ergebnis der Mortadella-Verkostung: In einer im April 2023 veröffentlichten Studie von Wissenschaftlern verschiedener Universitäten aus Italien, Irland und den USA bekamen 85 Probanden vier verschiedene Burger serviert – zwei waren rein pflanzlich, einer war ein Rindfleisch-Burger und einer ein Hybrid-Burger mit einem Patty aus drei Vierteln Rind und einem Viertel Pilz. Einer der beiden Pflanzen-Burger schnitt am besten ab, die anderen lagen etwa gleichauf. Auch erstaunlich: Nur etwa die Hälfte der Probanden erkannte den Burger mit echtem Rindfleisch.

Warum also soll die Abkehr vom tierischen Fleisch nicht gelingen? Sie wäre nicht die erste große Transformation in Wirtschaft und Gesellschaft. Andere Branchen haben vorgemacht, dass auch große Umwälzungen möglich sind, siehe Kommunikation, Mobilität und Energie. Welches Unternehmen dabei vom Wandel profitieren und welches zurückbleiben wird, hängt oft von der Unternehmensspitze ab. Und der ehemalige Rügenwalder-Chef Christian Rauffus zählt zu den Visionären und Innovatoren. Zu einer Zeit, in der viele noch über die Bedeutung oder auch bloße Existenz des Klimawandels stritten, akzeptierte er die Tierindustrie als einen der Haupttreiber der Erderwärmung. Er sah deshalb einen Rückgang tierischer Produkte voraus und suchte nach Alternativen für sein Unternehmen. Er dachte auch darüber nach, in Brot oder Bier statt in Wurst zu investieren. Die vegetarische Wurst erwies sich dann aber als die wirklich zündende Idee. Denn damit konnte er Verluste seiner Branche nicht nur ausgleichen, sondern gleichzeitig eine Lösung für die Ursache des Niedergangs anbieten.

Pioniere wie Rauffus und Röben haben eine Entwicklung losgetreten, die erst am Anfang steht. Ständig tun sich neue Betätigungsfelder für Unternehmen auf. Ein Bericht des Good Food Institute benennt drei Bereiche mit noch reichlich Entwicklungspotenzial:

1. Der Pflanzenanbau. Bislang dienen Getreide, Kartoffeln und Gemüse vor allem als Beilage zu Fleisch. Während das Fleisch dabei in erster Linie die Proteine liefert, sorgen die Pflanzen für Kohlenhydrate und Fett. Entsprechend öl- oder stärkehaltig werden sie gezüchtet. Als Grundbaustein für alternatives Fleisch sollen sie jedoch selbst viel Protein enthalten. Es braucht also neue Pflanzensorten.

2. Die Aufbereitung. Dass die Pflanzen mehr Protein enthalten, ist das eine. Das andere ist, das Protein aus den Pflanzen herauszubekommen. Denn

für alternatives Fleisch werden Soja, Erbsen oder Getreide üblicherweise nicht direkt zu Würsten und Fleisch verpresst, sondern vielmehr in ihre Bestandteile Protein, Fett und Fasern aufgetrennt und dann als Pulver verarbeitet. Um das Pflanzenprotein zu gewinnen, wird an ganz neuen Verfahren geforscht: Statt mit den herkömmlichen Verfahren wie Hitze und Chemikalien soll Protein beispielsweise mit Mikrowellen, Ultraschall oder elektromagnetischen Pulsen wesentlich effektiver aufgereinigt werden können.

3. Die Herstellung. Das Ziel ist klar: Aus möglichst wenigen, möglichst gering verarbeiteten Rohstoffen sollen möglichst fleisch- und wurstähnliche Produkte entstehen. Hierfür rücken neue Verfahren wie die Fermentation und die Präzisionsfermentation in den Blick. Dabei wandeln Mikroorganismen pflanzliche Stoffe in Endprodukte mit tierischen Eigenschaften um.

Noch einmal ganz andere Felder tun sich beim kultivierten Fleisch auf. Während Fleisch auf Pflanzenbasis bereits seit Jahren zu kaufen ist, wird es Fleisch aus echten Muskel- und Fettzellen, die aus dem Bioreaktor stammen, in größerem Maßstab erst in ein paar Jahren geben. Der Sprung vom Labor in die Pilotproduktion ist immerhin geschafft, erste Anlagen mit jährlichen Kapazitäten im Tonnenmaßstab werden gebaut. Die Firma Believer Meats, ehemals Future Meat Technology, betreibt in Israel eine

Anlage, die schon jetzt jeden Tag 500 Kilogramm Rindfleisch produzieren könnte, sagt Believer-Meats-Chef Yaakov Nahmias. «Das sind 30 Rinder im Monat.» Die Unternehmensberatung McKinsey rechnet damit, dass kultiviertes Fleisch schon im Jahr 2030 bis zu 25 Milliarden Dollar Umsatz generieren könnte.

Wieder andere Firmen setzen nicht auf Pflanzen oder Tierzellen, sondern auf Pilze. Die 2016 im US-Bundesstaat Colorado gegründete Firma Meati Foods etwa züchtet Pilzfäden in Stahltanks. Die Fäden, Mycel genannt, sind laut Firmenangaben bereits so reich an Nährstoffen, und ergeben eine so fleischähnliche Struktur, dass es nur noch ein paar wenige Zutaten und Gewürze braucht, um aus den Pilzfäden Steaks zu formen. Das Konzept hat offenbar Erfolg: Die Produkte von Meati sind auf ihrer Webseite immer wieder ausverkauft. Derzeit baut Meati in Colorado eine Mega-Ranch mit Anbau, Ernte, Verarbeitung und Verpackung unter einem Dach. Die Ranch soll jährlich mehr als 20 000 Tonnen Steaks und Nuggets produzieren und bis 2025 für 1 Milliarde Dollar Umsatz sorgen.

5

Marketing

Die Mortadella schmeckte, die Nutzertests liefen erfolgreich, TV-Spots wurden gedreht, die Markteinführung stand bevor. Eine wunderbar entspannte Zeit also für Godo Röben? Von wegen. «Ich bekam drei Jahre lang gepflegt in die Fresse.» Statt die Firma gemeinsam fit für die Zukunft zu machen, gab es Gegenwind. Ein Beispiel: Als er im Urlaub war, wurden bestellte Maschinen für die Veggie-Fabrikation wieder storniert, weil die Kollegen bezweifelten, dass sie wirklich gebraucht würden. Dabei hatten sie Für und Wider mehrfach durchgekaut und den Kauf gemeinsam beschlossen. Auch andere Übereinkünfte wurden hintenrum beim Chef wieder infrage gestellt. Der bekam dann beim Bier zu hören: «Mensch, halt den Röben doch mal auf, der mit seiner Veggie-Nummer.»

In einem der Frustmomente gab ihm seine Frau den Rat: «Du musst die Leute besser mitnehmen. Du kannst doch reden. Stell dich hin und erzähle allen, warum das richtig ist.» Allen? Wirklich allen 400 Mitarbeiterinnen und Mitarbeitern? Der immer sehr volksnahe Chef Rauffus war sofort dafür. Ohne dessen Rückendeckung wäre die «Veggie-Nummer» ohnehin eine Mission Impossible gewesen. Also rief Röben im Sommer 2014 die Belegschaft zusammen. In drei Schichten erzählte er ihnen die ganze Geschichte – von der Entstehung der Erde über die Bevölkerungsexplosion und die Massentierhaltung bis hin zur Elektromobilität. Normalerweise schliefen bei Betriebsversammlungen viele schnell ein – der Ortswechsel von der kalten Fabrikhalle in den kuschelig warmen Vortragsraum ließ die Augen reihenweise zuklappen. Diesmal nicht. «Beim Reden merkte ich, das gibt's doch nicht, da nickt keiner weg.» Er war regelrecht euphorisiert.

Solche Aktionen hätte er öfter machen sollen, auch danach, erkennt er heute. Denn die guten Argumente verblassen wieder und das Genörgel geht von vorne los. Wie beim Werbeetat: Röben wollte «all in», sprich, sie sollten das gesamte Budget von 20 Millionen Euro auf Veggie setzen. Rauffus ließ die Geschäftsleitung streiten und hörte über Wochen nur zu. Eine clevere Strategie, denn so hörte er alle Argumente und konnte sehen, ob Röben auf die Einwände Antworten hatte. Am Ende sagte er: «So, jetzt ist Ruhe, die 20 Millionen werden für Veggie ausgegeben.»

Das war riskant. Denn ein Unternehmen wie Rügenwalder, das neue Produkte in den Markt bringen und gleichzeitig seine bisherigen Produkte weiterverkaufen will, lässt sich auf einen Balanceakt ein: Es muss das Neue anpreisen, ohne das Alte zu schlechtzureden. Das ist umso schwieriger, wenn man der Botschaft zuliebe, wie Röben es getan hatte, auch mal provokant zuspitzt. Zwei Folgen sind denkbar: Das Neue stiehlt dem Alten die Show und lässt es ganz besonders alt aussehen. Oder die Innovation poliert das Image der Firma auf und lässt auch die alten

«Normal oder mit Fleisch?»

Produkte glänzen. Für Rügenwalder nimmt Röben an, dass der zweite Fall eingetreten ist: Laut Umfragen sahen auch Nicht-Vegetarier Rügenwalder als coole Firma an und die Personalabteilung freute sich über ungewohnt viele, hochkarätige Bewerbungen.

In noch ganz anderem Maßstab ging 2022 Burger King beim Marketing aufs Ganze und irritierte in einer auf Österreich begrenzten Kampagne mit der Frage «Normal oder mit Fleisch?» In Deutschland wagte der Fast-Food-Riese die kleine Provokation nicht, sondern informierte lediglich darüber, dass fast alle Fleischprodukte auch «plant-based» zu haben seien. In einem Video zur österreichischen Kampagne in einer Filiale in Wien Meidling reagierten die Gäste am Bestelltresen auf die Frage «Normal oder mit Fleisch?» mit einem anerkennenden «Cool» oder auch mit einem «Saat's ihr eigentlich deppert?» Die im Video eingeblendete Antwort setzt noch eine kleine Spitze obendrauf: «Ja, sind wir. Definitely.»

Die Veggie-Wende bei Burger King ging ähnlich wie bei Rügenwalder vom Marketing aus. Im Interview mit dem Fachmagazin «New Meat» sagt Klaus Schmäing von Burger King Deutschland, dass er 2018 als neuer Director Marketing mit seinem Team «ein bisschen über das Thema gestolpert» sei. «Unser Ziel war es, das Rügenwalder unserer Branche zu werden.» Anders als beim 1997 eingeführten «Veggie King», der noch als Gemüse-Patty erkennbar war, sollten die ab 2019 schrittweise eingeführten pflanzenbasierten Whopper, Nuggets und Burger den tierischen Pendants möglichst ähnlich sein.

Notiz am Rande: Burger King unterscheidet im Marketing zwischen «plant-based» und «vegan». Beide Produkte bestehen zu 100 Prozent aus Pflanzen, nur dürfen die veganen nicht über den Kontakt mit Fritteusen oder Grillrosten mit Spuren tierischer Produkte kontaminiert sein. Hintergrund für diese eher ideologische Grenzziehung ist ein Bericht von Team Wallraff bei RTL, das im September 2022 verdeckte Journalistinnen bei Franchisenehmern von Burger King eingeschleust und anschließend unter anderem Missstände bei den veganen Standards angeprangert hat. Nadine Filko, Redakteurin bei «New Meat», hatte den Anbietern daraufhin geraten, sich gar nicht auf die Wortklauberei einzulassen, sondern grundsätzlich von plant-based zu sprechen. Dann könnten sie sich zwar nicht mit dem V-Label für vegan oder vegetarisch schmücken, aber dem Flexitarier als primärem Zielkunden dürfte der V-Purismus ohnehin egal sein.

Die RTL-Story bescherte dem Marketingteam von Burger King noch eine weitere Lehre. Die verdeckten Ermittlerinnen hatten auch Fälle dokumentiert, in denen pflanzliche und tierische Produkte aufgrund ihrer großen Ähnlichkeit verwechselt wurden. CMO Klaus Schmäing dazu im Interview mit «New Meat»: «Vorher wollten wir, dass die Leute keinen Unterschied merken. Jetzt ist für uns superrelevant, über kleine Veränderungen eine Sicherheit reinzubringen.» Das Credo der Branche, möglichst tieridentische Produkte anzubieten, war zum Bumerang geworden. Burger King suchte also mit The Vegetarian Butcher, dem Lieferanten der Pflanzenprodukte, nach einer

Lösung, wie Mitarbeitende und Gäste auf den ersten Blick den Ursprung eines Produkts erkennen könnten. Ergebnis: Die pflanzlichen Massen werden mit Petersilienschnipseln durchsetzt, die auch nach dem Frittieren noch als grüne Sprengsel erkennbar sind.

Neben dem Wording ist auch die Platzierung im Supermarkt eine relevante Marketingfrage. Wohin mit der Pflanzenkost? ProVeg empfiehlt in seinem Toolkit für Hersteller und Handel «How to: Kommunikation pflanzlicher Alternativprodukte im Regal» die sogenannte integrierte Platzierung. Dabei liegt die vegane Mortadella direkt neben der tierischen aus. Nur so würde man die Mainstream-Konsumenten erreichen und zu einem Impulskauf verleiten. Andernfalls würde diese Zielgruppe die pflanzlichen Angebote gar nicht als relevante Option wahrnehmen. Der integrierte Ansatz macht es zwar für Vegetarier und Veganer mühsamer, sich ihre Produkte zusammenzusuchen, aber diese hätten, so ProVeg in seinem Report, ein Einsehen in das höhere Ziel. Nur eine Minderheit bevorzuge die strikte Trennung, um einen weiten Bogen um die Schweinereien machen zu können.

6

Investitionen

Im Frühjahr 2019 ging es bei einer Beiratssitzung von Rügenwalder um Finanzen. Die Firma ist zwar selbst keine Aktiengesellschaft, aber sie behielten die Börsenkonkurrenz selbstverständlich im Blick. Als Röben auf dem Handy die Beyond Meat-Aktie checkte, traute er seinen Augen nicht. Das 2009 gegründete US-Unternehmen, das ein paar Wochen zuvor schon mit unglaublichen 2 Milliarden Dollar bewertet worden war, lag jetzt bei völlig verrückten 7 Milliarden. Röben zeigte den Kurs in die Runde. Ein in Finanzdingen versierter Beirat kommentierte: «Kompletter Irrsinn!» So eine Kursexplosion hatte er noch nie gesehen, nicht einmal in der Tech-Branche.

Der Vergleich Rügenwalder versus Beyond Meat machte sie fassungslos. Den Wert ihrer Veggie-Umsätze hatte Röben damals auf etwa 30 bis 40 Millionen berechnet. Die Börse aber taxierte Beyond Meat bei vergleichbarem Umsatz auf das 200-Fache. Objektiv war Rügenwalder keinesfalls weniger wert als Beyond Meat, eher im Gegenteil. Mit seinen 20 Produkten war der Familienbetrieb viel solider aufgestellt, ihre eigene Burger-Bulette fanden sie leckerer, und obendrein kostete sie mit 2,50 Euro nur halb so viel wie die Produkte von Beyond Meat.

«Das ist PR,
dicke Backen
machen
und nichts
dahinter.»

«Und diese kleine Bude wird mit Milliarden bewertet!», ärgerte sich Röben. Wie konnte das angehen? Ein Metzgermeister aus Kanada, der Rügenwalder mit seinen Veggie-Rezepturen nach vorne gebracht hatte und die Firma nun beriet, kannte Beyond Meat gut und urteilte hart: «Wie die Amis eben so sind. Das ist PR, dicke Backen machen und nichts dahinter.» Beyond Meat hatte, sagt Röben, 300 Millionen Dollar in die Entwicklung ihres Burgers investiert – viel zu viel, findet er. Doch das war nebensächlich, der Hype um Beyond Meat folgte schlicht den Dynamiken der Börse. «Wenn ein Investor aufspringt, der gerade hip ist, weil er zum Beispiel bei Google oder Facebook ganz früh dabei war, gehen die anderen Investoren blind hinterher», hat Röben damals gelernt. Prominente Aktionäre, die Beyond Meat promoteten, taten ihr Übriges.

In Röbens Brust schlugen allerdings zwei Herzen, wie er zugibt: So ungerecht er die Bewertung von Beyond Meat auch fand, so tat sie der Branche doch ungemein gut. «Die ganze Welt wurde aufgerüttelt. Auf einmal kam das Veggie-Thema richtig in Fahrt.» Zum Glück, denn nach den Boom-Jahren 2014 und 2015 hatte die Entwicklung stagniert, Fleischbarone wie Clemens Tönnies hatten bereits über das vermeintliche Ende des Veggie-Hypes spekuliert. Und nun, 2019, war Beyond Meat in aller Munde – allerdings nur im übertragenen Sinne: Der Börsenliebling aus den USA konnte die gewaltige Nachfrage der deutschen Konsumenten nicht bedienen, was wiederum Konkurrenten wie Rügenwalder zugutekam. Wer den Beyond Burger, auf den man aufgrund der Schlagzeilen neugierig geworden war, im Kühlregal vergebens suchte, griff dann eben zum Patty einer anderen Firma. Die Folge: Von 2019 bis Ende 2022 ging der Absatz «wieder richtig durch die Decke». Röbens Fazit des Beyond-Hypes: «Schwachsinnige Bewertung, aber gut für den Gesamtmarkt.»

Auch intern bewegte sich was. Auf einmal interessierten sich auch die Finanzleute für «den Veggie-Kram». «Die sahen, dass es da einen unglaublichen Markt geben muss, wenn eine Firma weltweit so abgeht.» Denn ein hoher Aktienkurs spiegelt weniger den momentanen, realen Wert einer Firma wider als vielmehr die Hoffnung auf die Entwicklung des jeweiligen Marktes. Die späte Einsicht: «Ja, da haben wir wohl eine Goldader gefunden.»

Bei einem Start-up wie Beyond Meat kann auf den Höhenflug, wenn sich die Perspektiven eintrüben, eine harte Landung folgen. Das Unkalkulierbare an diesem Auf und Ab ist belastend und hat auch Sekundäreffekte: Man muss mit dem plötzlichen Reichtum auf der Stelle etwas Sinnvolles anfangen – doch wenn der Geldsegen dann stockt oder versiegt, sitzt die Firma auf den Folgekosten der Investitionen. Da kann ein Mittelständler wie Rügenwalder froh sein, unter dem Radar zu fliegen, um in Ruhe sein Geschäft entwickeln zu können.

Bewegen sich die Investitionen in vernünftigen Grenzen, sind sie die Luft, die neue Firmen zum Atmen brauchen. Und von dieser Luft gibt es eine ganze Menge: Einer Analyse des Good Food Institute zufolge konnten europäische Unternehmen im Jahr 2022 für alternative Proteine 579 Millionen Euro einwerben, ein Viertel mehr als im

Jahr zuvor. 284 Millionen Euro, also ziemlich genau die Hälfte davon, entfielen auf pflanzenbasierte Produkte, 175 Millionen Euro auf Fermentation und Präzisionsfermentation, und 120 Millionen Euro auf kultiviertes Fleisch.

Während die Investitionen weltweit stiegen, gingen sie in Europa zurück: Betrugen sie im Rekordjahr 2021 noch stolze 4,8 Milliarden Euro, waren es im Jahr darauf nur noch 2,7 Milliarden. Auch in Deutschland sanken die Investitionen im selben Zeitraum, und zwar von 90 auf 53 Millionen Euro. Der Rückgang ist jedoch nicht so dramatisch wie er klingt, denn er spiegelt exakt den allgemeinen Rückgang von Venture-Capital-Investitionen in Deutschland wider.

Auch muss der Wert von 2021 im Verhältnis zu den Jahren davor gesehen werden. Auf lange Sicht gab es gewaltige Sprünge nach oben: Vor allem die Branche, die Fleisch aus kultivierten Zellen auf unsere Teller bringen möchte, machte von weltweit 60 Millionen Investitionen im Jahr 2019 einen Satz auf 1,4 Milliarden Dollar nur zwei Jahre später. Allein die französische Firma Gourmey bekam 48 Millionen Euro für ihren Plan, Gänseleber zu kultivieren. Dabei dürfte es noch eine Weile dauern, bis sich diese Investitionen lohnen: Michel Kovac von der Investmentfirma McWin Capital Partners rechnet damit, dass erste Firmen mit kultiviertem Fleisch ab 2027 oder 2028 Gewinne erzielen werden.

Trotz der Berg- und Talfahrt der Aktien von Beyond Meat, Oatly und anderen Veggie-Firmen geht der allgemeine Trend klar nach oben. Das zeigen zum Beispiel die neuen Fonds, die auf das Wachstum der Branche setzen. So gab die Investmentfirma Millitrust International im Januar 2023 bekannt, einen 300 Millionen Dollar schweren Fonds speziell für alternative Proteine einzurichten.

Geld kommt nicht nur von den Risikokapitalgebern. Gerade in Deutschland treiben auch etablierte Unternehmen der Lebensmittelbranche die Entwicklung voran, indem sie in Start-ups und Partnerschaften investieren. Das zweitgrößte deutsche Fleischunternehmen InFamily Foods etwa steckte einen dreistelligen Millionenbetrag in The Plantly Butchers mit der Marke Billie Green sowie in die Plattform für kultiviertes Fleisch und Präzisionsfermentation. Die Rügenwalder Mühle ging zusätzlich zu ihren eigenen Pflanzenprodukten eine Partnerschaft mit dem Schweizer Start-up Mirai Foods ein, einem Hersteller für kultiviertes Fett. Das Good Food Institute wertet das Engagement der großen Player als Zeichen dafür, «dass der Sektor allmählich reift».

Das private Geld von Risikokapitalgebern und etablierten Firmen reicht aber laut Good Food Institute immer noch nicht aus, um die nötige Dynamik entwickeln zu können – sprich, die Qualität so weit zu verbessern und den Preis so weit zu senken, dass alternatives Fleisch auch im Massenmarkt zügig Fuß fassen kann. Ivo Rzegotta vom Good Food Institute sagt: «Im Moment sind alternative Proteinquellen an dem Punkt, an dem Solarpanels in den Neunzigerjahren waren – es gibt sie und sie sind eine Option für umweltbewusste Verbraucher, die bereit sind, einen Aufpreis zu zahlen.»

7

Firmen

Seit neun Monaten hatte Röben mit den Entwicklern von Billie Green an Salami, Strategie, Verpackung und Logo getüftelt. Jetzt sollte die Wurst als eines der ersten Produkte der neuen Marke an den Start gehen. Röben hatte sich nach seinem Ausscheiden bei Rügenwalder bei The Plantly Butchers, den pflanzlichen Schlachtern, engagiert, die mit ihrer Marke Billie Green den Markt aufmischen wollten. Mit einigen ehemaligen Rügenwaldern und 20 weiteren Mitarbeiterinnen und Mitarbeitern hatten sie sehr schnell ein neues Produkt zur Marktreife gebracht. Das Besondere daran: Die Wurst kam ohne Zusatzstoffe aus. Damit wollten sie jenen Kritikern entgegentreten, die Wurst auf Pflanzenbasis als «Chemiemist» abqualifizierten.

Die Vorfreude machte ihn hibbelig. Wie damals, als sie bei Rügenwalder die Pommersche einführten, konnte er diesen «ganz besonderen Moment» kaum erwarten. Eigentlich war er jetzt noch gespannter, denn für ihn ging es auch um die Frage: «Kann ich nur Rügenwalder oder geht das, was ich dort gemacht habe, auch woanders?» Immer wieder rief er in der Firma an, ob denn schon ausgeliefert werde, und dann tingelte er durch die Supermärkte, um nach den ersten Packungen Ausschau zu halten. Hatte er sie gefunden, blieb er auch mal zwei Stunden am Regal stehen und sah zu, wie die Leute die Packung mit ihrer Salami aus dem Regal nahmen. Er musste dabei an den Werber Otto Pahnke denken, den Erfinder legendärer Marken wie Toffifee und Merci. Pahnke hatte ihm einmal verraten, was ihn anspornt: «Ich werde von den Würmern schon zerfressen sein, und die Leute werden immer noch Merci essen.»

Dass sie nur neun Monate brauchten, bis das Produkt im Supermarktregal lag, verdankten sie zum einen ihrer Erfahrung, zum anderen der Firmenstruktur hinter Billie Green. The Plantly Butchers war kein Start-up, sondern Teil des Lebensmittelunternehmens InFamily Foods mit knapp 2500 Mitarbeitenden und über einer halben Milliarde Euro Jahresumsatz. Röben hat mehrfach erlebt, dass die gängigen Vorstellungen vom Unterschied zwischen Start-ups und Firmen der Old Economy nicht unbedingt zutreffen. Weder ist das Start-up immer das wendige Schnellboot, dessen Besatzung dicke Fische angelt und schnell in den Hafen bringt, noch stimmt die Vorstellung vom Traditionsunternehmen als trägem Pott, dessen Kapitän neue Ideen als lästigen Beifang gleich wieder über Bord wirft.

Tatsächlich ist es am Ende oft genau andersherum: Start-ups laufen Gefahr, sich und ihre Ideen im Tagesgeschäft zu verlieren. Sie müssen Konzepte schreiben, Abläufe organisieren, gesetzliche Vorgaben beachten, Strukturen aufsetzen – alles Dinge, für die es keine Leidenschaft, sondern Expertise braucht und für die etablierte Firmen ihre Routinen haben. Start-ups verzetteln sich leicht, machen Fehler und halten sich mit Problemen auf, die große Firmen gar nicht haben, sagt Röben. Wenn dagegen ein solventer Mittelständler einmal den Entschluss gefasst hat, in eine Idee zu investieren, setzt er Kräfte frei, von denen ein Anfänger nur träumen kann. Als Röben selbst einmal vor der Wahl stand, sich bei einer Tierfutter-Gründung oder einem großen, mittelständischen Unternehmen zu engagieren, entschied er sich deshalb für die große Firma.

Die Firmenlandschaft in Deutschland zum Thema alternatives Fleisch verändert sich rasend schnell. Auch etablierte Lebensmittelfirmen setzen verstärkt auf das neue Essen. Sie übernehmen Start-ups, gründen selbst Ableger, oder schaffen unter ihrem Dach neue Marken. Die Veggie-Varianten finden sich oft auch in derselben Produktfamilie. Die globalen Player gehen sogar dazu über, von ihren Topsellern pflanzenbasierte Varianten auf den Markt zu bringen, so wie es Rügenwalder mit seiner Mortadella vorgemacht hat. Prominente Zugänge in 2022 waren Kraft-Heinz mit seinem Philadelphia Frischkäse, die Bel-Gruppe mit ihren kleinen, roten Babybel-Käselaiben, und Nestlé mit einem pflanzenbasierten Kitkat. Die Befürchtung, das Grünzeug könne negativ abfärben, scheint definitiv verflogen zu sein.

Wer den Markt genau studieren möchte, wird in der Company Database des Good Food Instituts fündig, abrufbar unter der Webadresse https://gfi.org/resource/alternative-protein-company-database/. Insgesamt listet die Datenbank 1420 Firmen auf, die sich mit alternativem Fleisch beschäftigen (Stand April 2023). Für Deutschland sind es 84 – von Alife Foods über Rügenwalder Mühle bis zur Windau GmbH. Diese 84 Firmen zeigen folgende Charakteristika:

- 69 Firmen beschäftigen sich mit pflanzenbasierten Produkten und Prozessen, 7 mit Biomasse-Fermentation, 5 mit kultiviertem Fleisch, 3 mit Präzisionsfermentation.
- Ausgangssubstanzen sind vor allem Soja und Weizen, aber auch Algen, Jackfruit, Hefe, Mandeln, Erbsen, Bohnen, Cashewnüsse, Kokosnüsse, Lupinen, Pilze, Reis und andere.
- Imitiert wird Fleisch von Rind und Kalb sowie von Schwein, Lamm, Huhn, Ente, Truthahn, dazu von diversen Fischarten und Meerestieren.
- Es geht vor allem um Fleisch und Wurst, aber auch um Milch und Milchprodukte sowie Eier.
- Knapp 90 Prozent der Firmen stellen Endprodukte für Konsumenten her, die anderen beschäftigen sich mit Kulturmedien, Zutaten, Bioreaktoren und anderem.

8

Markt

Die Rügenwalder Veggie-Wurst fand reißenden Absatz. Auf 5 Tonnen pro Woche hatten sie gehofft, aber schnell wurden es 10, dann 20, dann 40, und immer noch ging es steil nach oben. Godo Röben war euphorisch – seine Kolleginnen und Kollegen aber waren verhalten. «Es war eine ganz komische Stimmung, es war nicht so, dass sich alle gefreut haben. Das ging das ganze Jahr über so», sagt er. Dabei hatten alle die Erfolgszahlen wahrgenommen. Wenn er Kollegen darauf ansprach, sagten sie: «Jo, jo, hab ich schon gesehen.» Niemand aus dem Betrieb kam zu ihm und sagte: «Mensch, das mit Veggie war eine tolle Idee!» Geschweige denn: «Ja, du hattest recht.»

«Wir waren da sehr norddeutsch miteinander», versucht Röben eine Erklärung, aber das allein war es nicht. Beim Schwenk vom Tier zur Pflanze war es nicht immer harmonisch zugegangen. «Da war ich manchmal sicher zu oberlehrerhaft und auch zu harsch», räumt er ein. «In meiner Eitelkeit wollte ich die anderen zwingen, meinen Erfolg anzuerkennen.» Was er auch nicht bedacht hatte: Er saß behütet in seinem Büro, aber die Vertriebsleute mussten sich draußen den empörten Metzgermeistern stellen, die die Veggie-Würste in den Verkauf nehmen sollten. Und vielleicht hatten die Kollegen auch nicht erfasst, wie sehr ihre Pioniertat die Ernährungswende in Deutschland voranbringen sollte, vielleicht dachten sie: «Jo, wir machen jetzt auch Pflanzenwurst und läuft ganz gut.» Ein wenig tröstete sich Röben damit, dass alte Männer auf dem Land, wie er mutmaßte, als Letzte von Veggie überzeugt sein würden – und sie waren alte Männer auf dem Land.

Dafür kam von außen Bestätigung genug, ständig waren Reporter und Filmteams aus der ganzen Welt im Haus, die über das Veggie-Wunder aus Bad Zwischenahn berichteten. In der Firma selbst fand nur sein Chef Christian Rauffus immer wieder anerkennende Worte. Im September 2015 wurde Röben dann zum CMO of the Year gekürt, zum Chief Marketing Officer des Jahres. Den Preis räumten sonst Firmen wie BMW oder die Deutsche Telekom ab. Ein richtig großes Ding also mit Medienecho und Preisverleihung in München samt pompöser Gala. Zurück in der Firma hatten sie dann eine Geschäftsleiter-Sitzung, und er dachte, jetzt aber, ein Fläschchen Champagner mit Anstoßen wäre das Mindeste. Aber nichts war. Als hätte es weder Preis noch Presse gegeben, wurde die Sitzung eröffnet mit: «So, was haben wir heute auf der Tagesordnung …?»

Doch bevor er sich ganz in seinem Gram vergraben konnte, geschah das Langerhoffte. Als an einem Freitag kurz vor Weihnachten abzusehen war, dass sie über eine Million Packungen Veggie-Wurst pro Woche verkaufen und damit die 100-Tonnen-Marke knacken würden, klopfte es an Röbens Tür. Ein Vertriebskollege, eher bekannt für seine kritischen Kommentare, überreichte ihm ein kleines Törtchen mit einer 100 aus Kerzen – so kitschig schön wie in der Werbung mit dem Slogan: «Kleine Torte statt vieler Worte». Das Törtchen erhielt einen Ehrenplatz in Röbens Büro.

Und es kam noch besser. Zwei Arbeiterinnen aus der Fertigung mit Kittel und Haarnetz hatten sich in ihrer Pause zu ihm durchgefragt und überreichten ihm eine Art Urkunde, auf der «100» und «Danke» stand. Diese Anerkennung «hat mir fast mehr bedeutet als der CMO of the Year», sagt Röben. Besonders freute ihn, wie die beiden Arbeiterinnen die Urkunde begründeten: Sie seien jetzt ein modernes Unternehmen, das Tierleid und Klima im Blick habe, was auch von Freunden anerkannt werde. Und sie sagten: «Wir haben das zusammen geschafft, du hattest die Idee, wir machen die Wurst.»

Heute ist die Situation eine völlig andere als vor zehn Jahren. Damals hat Rügenwalder einen gesellschaftlichen Klimawandel mit ausgelöst, der jetzt in vollem Gange ist. Einem Bericht des U.S. Departments of Agriculture zufolge ist die Zahl der Veganer in Deutschland innerhalb von 10 Jahren von 0,1 auf 1,5 Millionen gestiegen. Entscheidend für den Wandel sind jedoch nicht die Veganer und auch nicht die Vegetarier, sondern die Flexitarier, Menschen, für die in Merriam-Websters Wörterbuch erstmals 1998 eine Bezeichnung gefunden worden war. 2013 titelte die Süddeutsche Zeitung: «Deutschland, deine Flexitarier».

Ein Flexitarier schränkt seinen Tierkonsum ein, verzichtet aber nicht völlig darauf. Er ist laut Fleischatlas 2013 der

«Zwei halbe Vegetarier ergeben einen ganzen.»

Heinrich Böll Stiftung ein «Ausstiegswilliger». Für ihn ist jede Reduzierung ein Erfolg und er sieht weniger auf das noch Fehlende, sondern auf das bereits Erreichte. So motivierte eine Kampagne aus den ersten Jahren der Ernährungswende die Menschen dazu, «Halbzeitvegetarier» zu werden. Der Fleischatlas merkte dazu bestechend logisch an: «Zwei halbe Vegetarier ergeben einen ganzen.»

Veganern und Vegetariern geht es dagegen auch ums Prinzip, und so vermeiden sie jede noch so kleine Kontaminierung von Speis und Trank. Selbst Spuren vom Tier – etwa über nicht exklusiv genutzte Fritteusen und Grillroste, über Saucen und Gummibärchen – gilt es unter allen Umständen auszuschließen.

Der Homo flexitarius hat sich pandemisch ausgebreitet. So trägt der Bericht des U.S. Departments of Agriculture den Titel: «Pflanzliche Ernährung wird in Deutschland zum Mainstream». Wie haltbar diese Aussage ist, kommt auf die Definition an. Der Ernährungsreport 2020 des Bundesministeriums für Ernährung und Landwirtschaft beziffert den Anteil der Flexitarier auf 55 Prozent der Bevölkerung – allerdings fallen darunter auch diejenigen, die nur «ab und zu» auf Fleisch verzichten.

Worauf es aber mehr ankommt als auf die konkrete Zahl: Das Bewusstsein für die Probleme des Tierverbrauchs nimmt zu, und darauf lässt sich aufbauen. Vermutlich braucht genau diese Klientel ein gutes Angebot an Alternativprodukten, um den Schritt vom gelegentlichen Tierverzicht zum gelegentlichen Tierverzehr zu gehen. Die Bereitschaft scheint da zu sein, denn 49 Prozent der Befragten, also die überwiegende Mehrheit der Flexitarier, gaben an, schon einmal alternative Milch- oder Fleischprodukte probiert zu haben.

Was das in harter Währung heißt, zeigt ein Bericht des Good Food Institute:

- Die Branche der alternativen Fleisch- und Milchprodukte setzte 2022 in Europa 5,7 Milliarden Euro um, eine Steigerung um 22 Prozent in zwei Jahren. 2,2 Milliarden entfielen dabei auf Milch, 2 Milliarden auf Fleisch und Wurst. Meerestiere machten nur 43 Millionen Euro aus, dafür wuchs dieser Bereich mit mehr als 300 Prozent am stärksten.
- Im selben Zeitraum ging der Verkauf von tierischen Produkten zurück: Vergleicht man die verkauften Einheiten, legte alternatives Fleisch in einem Jahr um 1 Prozent zu, während tierisches Fleisch um 4 Prozent abnahm.
- Dabei trotzten die alternativen Produkte den Kollateralschäden von Corona und dem Überfall auf die Ukraine deutlich besser: Die Preise für pflanzenbasierte Produkte stiegen um moderate 1 Prozent, die für tierische Produkte dagegen um 11 Prozent.
- Alternative Milchprodukte haben einen Marktanteil von 11 Prozent erobert, dabei lagen Haferdrinks vorne, gefolgt von solchen aus Soja und Mandeln. Im Bereich der fertig abgepackten

Fleischprodukte haben die Alternativen 6 Prozent Marktanteil. Das größte Entwicklungspotenzial hat alternativer Käse mit derzeit nur 0,4 Prozent Marktanteil.

• Jede Person in Deutschland gab im Schnitt 23 Euro pro Jahr für alternative Produkte aus, nur in den Niederlanden war es noch etwas mehr.

Die positiven Entwicklungen sind aber kein Selbstläufer, warnt Carlotte Lucas vom Good Food Institute: «Um das Wachstum zu halten, müssen Unternehmen weiterhin in Produktinnovationen investieren und pflanzenbasierte Produkte entwickeln, die die Erwartungen der Konsumenten im Hinblick auf Geschmack, Preis und Annehmlichkeit erfüllen.»

9

Preis

Eines Tages traf Röben im Supermarkt Frank. Der Werftarbeiter mit der kräftigen Figur war ein guter Bekannter – wie man sich eben auf dem Land kennt unter Leuten, die nie von dort weggekommen sind. Frank nahm gerade eine Packung vegane Schinken Spicker in die Hand, besah sie und stellte sie zurück. Es kam in etwa zu folgendem Dialog:

> *Godo:* «Die hast du doch jetzt nur angesehen, weil ich da arbeite.»
> *Frank:* «Das auch, aber ich wollte die schon kaufen.»
> *Godo:* «Ehrlich, DU wolltest die kaufen?»
> *Frank:* «Ja, Susanne sagt, wir sollen nicht so viel Fleisch essen. Aber ich ess das doch so gerne, deshalb wollte ich das mal probieren.»
> *Godo:* «Und warum hast du es dann wieder zurückgestellt?»
> *Frank:* «Das sind 8 Scheiben Mortadella für 1,49, da kriege ich den 200-Gramm-Stapelpack echte Mortadella für 49 Cent.»
> *Godo:* «Aber du hättest es doch mal probieren können für diesen 1 Euro.»
> *Frank:* «Nein, wir achten auf unser Geld.»

Röben stellte beschämt fest, dass er das Thema Geld bislang nicht wichtig genug genommen hatte. Wenn die Leute am Monatsende weniger Bio kauften, hatte er sich gefragt: «Wie kann man nur so inkonsequent sein?» Die simple Antwort: Weil viele am Monatsende kein Geld mehr in der Tasche haben. Die Begegnung mit Frank machte noch etwas klar: Wie nah eine echte Trendwende ist und dass dafür besonders am Preis geschraubt werden muss.

Eine Umfrage der Rügenwalder Mühle von 2022 bestätigt das: 40 Prozent der Menschen in Deutschland finden alternative Fleischprodukte zu teuer, für 45 Prozent der Menschen mit niedrigem Einkommen ist der hohe Preis ein Hinderungsgrund, sie regelmäßig zu kaufen. So bleiben viele beim billigeren Tierfleisch. Für das gibt es «massive Subventionen», sagt Zoe Mayer von den Grünen in einem Interview mit der Fachzeitschrift «New Meat». «Der Markt ist politisch geformt. Da kosten Sojadrinks mehr als Kuhmilch, bei der die Kuh vorher noch das Soja isst.»

Hinzu kommt die sehr effiziente Herstellung von tierischen Fleischprodukten – jahrzehntelange Erfahrung, ausgereifte Technik und große Mengen lassen Firmen kostengünstig produzieren, schreibt das vegane Wirtschaftsmagazin «Vegconomist». Aber das kann auch für alternative Fleischprodukte mit der Zeit effizienter und damit günstiger werden. Außerdem fließt derzeit noch viel Geld in Forschung und Entwicklung, und gute Rohstoffe sind knapp und deshalb teuer.

Vor allem die Zellen aus dem Bioreaktor werden nur dann eine Chance haben, wenn der Preis weiter fällt. Hoffnung macht, dass schon jetzt enorme Sprünge zu verzeichnen sind. Laut einem Bericht der Unternehmensberatung Barclays fiel der Preis in den vergangenen Jahren exponentiell, vom ersten Burger für 300 000 Euro im Jahr 2013 zur 110-Gramm-Hühnchenbrust für unter 4 Euro im Jahr 2021. Believer-Meats-Chef Yaakov Nahmias erwartet weitere Preissenkungen. Auch das Forschungsinstitut CE Delft prognostiziert für das Jahr 2030 einen Preis von unter 6 Euro pro Kilogramm kultiviertem Fleisch.

Dafür muss jede erdenkliche Stellschraube angezogen werden. Was möglich ist, wird derzeit ausgelotet: Während es im Labormaßstab darum ging, die grundsätzliche Machbarkeit zu zeigen, dienen die jetzt entstehenden Pilotanlagen dazu, die Produktion effizienter und damit günstiger zu machen: Welcher Bioreaktor erlaubt die höchste Zelldichte, welches Zellreifungsverfahren schafft den höchsten Output? Hoffnung macht, dass es immer wieder Durchbrüche gibt. Beispielsweise beschrieb das in Israel ansässige Unternehmen Steakholder Foods einen speziellen Filterprozess, der eine 50-fache Zellausbeute ermöglicht. Deshalb sind sich Experten einig, dass es am Ende einige Produzenten von kultiviertem Fleisch über die Ziellinie schaffen und dem Schlachtfleisch ernsthafte Konkurrenz machen werden.

Politik

Renate Künast war eine zurückhaltende Zuhörerin. Sie folgte Röbens Vortrag und stellte erst einmal kritische Fragen. «Das hat aber jetzt keinen Spaß gemacht mit der», dachte er damals. Viele Politikerinnen und Politiker folgten der Einladung zu Rügenwalder nach Bad Zwischenahn, manche pilgerten sogar in Gruppenstärke in die nördliche Provinz, wie die Landtagsfraktion der CDU Niedersachsen. Röben war klar: Um Veggie vor Querschüssen zu schützen, braucht es den direkten Kontakt zu Politik und Medien. Doch Röbens Charmeoffensive verpuffte, zumindest anfangs: Die CDU wollte die Landwirtschaft mit ihrer exzessiven Tierhaltung schützen, die Grünen setzten eher auf Biohaltung und Gemüse in Reinform.

Künast tauchte ein Jahr später wieder auf. Sie zeigte jetzt zwar mehr Interesse, war aber immer noch auf einer Art Orientierungsreise, wie sie heute sagt. Und während sogar die CDU zugänglicher wurde und nicht mehr dagegen opponierte, dass Salami-ähnliche Veggie-Wurst auch Salami heißen durfte, hatte er den Eindruck, an Künast nicht ranzukommen. Doch dann im Sommer 2022 rief Künasts Büroleiter bei Röben an, richtete ihm von der früheren Bundeslandwirtschaftsministerin, jetzt Sprecherin der AG Ernährung und Landwirtschaft der Grünen-Fraktion im Bundestag, Grüße aus und fragte, ob man sich noch einmal treffen könne. Röben fuhr nach Berlin und erlebte eine völlig andere Person: Offen und voll des Lobes, er sei ein «schlauer Kerl und Veggie-Pionier mit tollen Ideen».

Sie wollte das Thema systematisch voranbringen, weil es ja wohl zwingend zu einer Ernährungswende gehöre. «Gesundheit, Tierschutz, Klimaschutz und neuer Genuss, alles sprach nun dafür», sagt sie rückblickend. Röben schlug eine 15-köpfige Arbeitsgruppe vor mit Vertretern der gesamten Wertschöpfungskette vom Agrarunternehmen bis zum Wurstproduzenten, plus Wissenschaft, Medizin und Organisationen wie ProVeg. Künast akzeptierte die Liste mit seinen Kandidaten, und von nun an traf sich die Gruppe regelmäßig. Bald forderte sie 200 Millionen Euro pro Jahr für Forschungs- und Ausbildungscluster für alternative Proteine mit dem Ziel, bis zum Jahr 2030 ein Fünftel des Fleischkonsums durch pflanzliche Produkte zu ersetzen. Röben hielt das zwar für nahezu utopisch, aber man muss sich ja hohe Ziele setzen.

Und Künast überraschte ihn wieder. Für die anstehende Haushaltsplanung toppte sie die Vorschläge der Gruppe: Sie veranschlagte 250 Millionen pro Jahr mit dem Ziel, im Jahr 2040 dann 30 Prozent des Fleischmarktes durch alternative Produkte ersetzt zu haben. Offenbar hatten die Grünen erkannt, dass man durch das Predigen von Verzicht keine Wähler gewinnt. Außerdem war ihnen klar geworden, dass die Umstellung der Ernährung ein riesiger

Hebel sein könnte, um die Klimaziele zu erreichen. In einem Bericht von Boston Consulting und der Investmentfirma Blue Horizon von 2022 über die Chancen von Kohlendioxid-Einsparungen haben Investitionen in pflanzenbasierte Proteine den höchsten Impact, weit vor Produktionsverbesserungen bei Eisen, Zement oder beim Transport. Das Good Food Institute kommt zu dem Schluss: «Regierungen können die Pariser Klimaziele nicht erreichen, ohne nachhaltigere Ernährungssysteme aufzubauen.»

Veggie-Produkte mit dem Potenzial, auch eingefleischte Tierkonsumenten zur Pflanzenkost zu animieren und so eine echte Wende einzuläuten, waren da also ein Geschenk des Himmels, oder besser gesagt: eines kleinen Mittelständlers. Denn Rügenwalder hatte die Blaupause dafür geliefert, wie die Menschen ihre Bratwurst grillen und trotzdem das Klima schonen können.

Mit Künasts Vorhaben könnte die Regierung eine Absichtserklärung aus dem Koalitionsvertrag erfüllen. Dort heißt es: «Wir setzen uns für die Zulassung von Innovationen wie alternative Proteinquellen und von Fleischersatzprodukten in der EU ein.» Das klingt etwas schmallippig, aber mit den von Künast geforderten Millionen wäre Deutschland auf einen Schlag ganz vorne mit dabei. Selbst Israel, eines der führenden Länder bei alternativen Proteinen, unterstützt deren Erforschung plus weitere Zukunftsthemen mit «nur» umgerechnet 45 Millionen Euro.

Die staatliche Förderung der Ernährungswende ist, verglichen mit der Energiewende, allerdings noch beschei-

Wann ist Fleisch Fleisch?

den: Dort investierten Regierungen 2022 weltweit rund 500 Milliarden Dollar, wie das Good Food Institute schreibt. Es werde also Zeit, dass die Regierung in Berlin in die Gänge komme, sagt Ivo Rzegotta vom Good Food Institute: «Es ist nicht so, dass gar nichts passiert, aber im Vergleich zu anderen Ländern ist die Förderung in Deutschland unzureichend und unkoordiniert. Es fehlt der große Wurf.» Künasts Vorhaben komme da zur rechten Zeit.

Die Politik hat aber neben der Förderung von Forschung und Entwicklung noch weitere Hebel, um alternative Produkte voranzubringen, zum Beispiel die Mehrwertsteuer. Tatsächlich hat die EU bereits Zustimmung signalisiert, Umwelteinflüsse bei der Nahrungsproduktion über die Mehrwertsteuer stärker zu gewichten. So sollen etwa Obst, Gemüse und Fleischersatzprodukte ganz von der Steuer befreit, Tierfleisch hingegen mit 21 Prozent besteuert werden. Das würde alternatives Fleisch günstiger und damit konkurrenzfähiger machen. Die EU muss das Vorhaben allerdings noch umsetzen.

Dass sie dabei auf den Beifall der Bürger zählen kann, scheint gewiss. Laut einer Umfrage der True Animal Protein Price Coalition unter 3000 Menschen in Deutschland, Frankreich und den Niederlanden stimmen fast 60 Prozent dafür, Umweltaspekte über den Steuersatz stärker zu berücksichtigen.

Ein weiterer Hebel ist die Benennung von alternativen Produkten. Fleisch Fleisch und Wurst Wurst nennen zu dürfen, selbst wenn sie aus Pflanzen hergestellt sind, ist Sache der Politik. Und auch wenn konservative Kreise in manchen Ländern immer wieder versuchen, die Begriffe Fleisch und Wurst auf tierische Produkte zu begrenzen, hatten die Verantwortlichen in Deutschland früh ein Einsehen und erlaubten die Namensgleichheit.

Kultiviertes Fleisch ist allerdings in Deutschland noch nicht zugelassen. Bislang darf es nur in Singapur und in den USA auf der Speisekarte stehen. Von der Zulassung in den USA im Juni 2023 erwartet Ivo Rzegotta einen mächtigen Schub für die Szene. Der ist auch nötig, denn in den meisten Ländern ist nicht einmal die Verkostung von kultiviertem Fleisch erlaubt.

In Europa könnte die Zustimmung der Politik schwieriger werden. In den Feinschmecker-Ländern Frankreich und Italien machen Politiker aller Parteien Stimmung gegen das vermeintliche «Frankenstein Food». So tweetete Frankreichs Landwirtschaftsminister Julien Denormandie: «Fleisch kommt von Lebewesen, nicht aus dem Labor. Vertrauen Sie mir, dass Fleisch in Frankreich immer natürlich und nicht künstlich hergestellt wird.» Und die französische Nationalversammlung verbannte kultiviertes Fleisch präventiv aus den Kantinen – Jahre bevor die Küchen es überhaupt verwenden könnten.

Giorgia Melonis Regierung möchte auch Italien vor den Pseudoschweinereien bewahren. Sie will Herstellung und Verkauf von «synthetischen Lebensmitteln» unter Strafe stellen. Italiens Agrarminister Francesco Lollobrigida sagte Ende April 2023 bei einem Besuch in London: «Diese Zellansammlungen – ich weigere mich, es Fleisch zu nennen – könnten ein Gesundheits- und Umweltrisiko darstellen und würden sicher unseren Wirtschaftssektor auslöschen. Es wäre echter Selbstmord für ein Land wie unseres.» Das italienische Volk ist dabei weit fortschrittlicher: 54 Prozent wären Umfragen zufolge bereit, kultiviertes Fleisch zu probieren.

11
Infrastruktur

Die erste Veggie-Welle überrollte Rügenwalder wie ein Tsunami. Mitte 2015 mussten sie nicht, wie kalkuliert, 5 Tonnen Veggie-Wurst pro Woche liefern, sondern 50 Tonnen. Sie brauchten also zehnmal so viel Rohstoffe, Maschinen und Menschen. Jeden Tag hatten sie eine Krisensitzung mit dem Inhaber und den vier Leitern aus Vertrieb, Produktion, Finanzwesen, Marketing und F&E. Jeder kam mit seinen Anliegen. Wenn der Produktionsleiter üblicherweise sagte, er brauche zwei Leute mehr, dann brauchte er jetzt 100. Und selbst wenn sie die Verstärkung in so kurzer Zeit bekommen hätten – welche Maschinen hätten sie dann nutzen sollen? Bis eine neue Maschine einsatzbereit wäre, vergingen Monate. Auch die Rohstoffe waren ein Problem: Die Einkäufer kannten den Fleischmarkt in- und auswendig, aber mit dem Pflanzenmarkt hatten sie keine Erfahrung. Plötzlich war beispielsweise eine ganze Erbsenernte ausverkauft, und Nachschub gab es erst zur nächsten Ernte.

Verhandlungsspielraum hatten sie kaum. Sie steckten in einer Sandwich-Position zwischen den großen Lebensmittelhändlern wie Aldi, Lidl, Rewe und Edeka auf der einen Seite und den großen Schlachtereien auf der anderen.

Beim Navigieren zwischen diesen Giganten mit ihren Milliardenumsätzen, die auch miteinander Geschäfte machten, mussten sie oft hintanstehen. Auch beim Maschinenkauf. Wenn sie eine Maschine bestellten, sagte der Produzent: «Ich habe hier noch 10 Bestellungen vor dir auf der Liste, und die wollen nicht eine, sondern 30 Maschinen haben.»

Röben hatte langfristig günstigen Sendeplatz für TV-Spots gekauft, die er jetzt auch abnehmen musste. Für 20 Millionen Euro waren Slots gebucht, aber die Werbung würde die Nachfrage nach ihrer Wurst nur noch weiter anheizen. Dem Handel zu sagen, sorry, wir haben einen Engpass und liefern nur die Hälfte, kam nicht infrage. Der Vertriebsleiter hatte volle Auftragsbücher und musste die Kunden bedienen, sonst wären Regresszahlungen angefallen und Konkurrenten hätten übernommen.

«Der Druck in der Geschäftsleitung war riesig, jeder ging an seine Grenzen», sagt Röben. «Es gab in den Sitzungen irgendwann nur noch Horrornachrichten.» Bei so viel Stress wurde es immer wieder laut: «Wir haben uns ganz schön was eingeschenkt.» Die Situation drohte zu eskalieren, aber die Rügenwalder nutzten ein Gegenmittel: Alle zwei Wochen traf man sich mit einer Coachingagentur im gemütlichen, reetgedeckten Gästehaus bei der Mühle. Das half – normalerweise. Aber diesmal rannte alle Augenblicke wieder einer mit dem Handy am Ohr hinaus. Der Coach sah sich das eine gute Stunde an und sagte dann: «Ich kriege euch heute nicht. Das Wichtigste ist jetzt, dass ihr euren Job macht. Also geht.»

Irgendwann gab es nur noch Horrornachrichten.

Am Ende machte sich bezahlt, dass sie «ein hemdsärme-liger Laden» waren, in dem sie sich schon ewig kannten. Sie beschlossen, dass sie den Markt bedienen mussten, koste es, was es wolle. Über Gewinne konnten sie dann später nachdenken. Sie kauften also überteuerte Rohstoffe und machten möglich, was mit Geld möglich zu machen war. Und sie behalfen sich wie schon bei der Einführung der Pommerschen Leberwurst: Sie lagerten Produktionen zu anderen Unternehmen mit freien Kapazitäten aus. Sie lieferten Rohstoffe und Rezepturen, die anderen stellten Maschinen und Arbeitskräfte. Die Unternehmen ließen sich das Entgegenkommen natürlich vergolden, aber am Ende lag die Veggie-Wurst wie vereinbart im Regal.

Dass sie ihre Produktion so einfach zu anderen ausla-gern konnten, verdankten sie auch dem Umstand, dass man für eine Veggie-Wurst dieselben Maschinen wie für eine Wurst aus Tierfleisch verwenden kann. Ein großer Mischer, Kutter genannt, mixt, schneidet und manscht alle Zutaten zusammen, um sie dann als Brät in eine Wurst-haut zu pressen. Heute ginge das nicht mehr so einfach. Denn für komplexer strukturierte Produkte braucht es an-dere Maschinen und Herstellungsverfahren. Und wenn nicht mehr Pflanzen, sondern fermentierte Substanzen, Pilze oder tierische Zellen verarbeitet werden, unterschei-det sich die Produktion grundlegend.

Bei der Fermentation zum Beispiel wandeln Mikroorga-nismen wie Bakterien, Pilze oder winzige Algen Substan-zen so um, dass sie mehr Nährstoffe enthalten, besser schmecken, leichter verdaulich sind. Man unterscheidet drei Arten von Fermentation: Bei der traditionellen Form sind die Mikroorganismen die Baumeister – Hefen verwandeln Traubensaft in Wein, Bakterien machen aus Milch Joghurt. Bei der Biomassen-Fermentation sind die Mikroorganismen Baumeister und Endprodukt in einem – auf Abfallstoffen können beispielsweise Pilze wachsen, die dann zu fleischartigen Produkten verarbeitet werden. Die ausgefeilteste Technik ist die Präzisionsfermentation, bei der Mikroorganismen kostbare Zutaten wie Geschmacksstoffe, Enzyme, Vitamine oder Farbstoffe herstellen. Solche Mikroorganismen können gentechnisch verändert sein oder zum Beispiel aus heißen Quellen stammen.

Wie wenig die Fermentation mit dem gewohnten Verwursten noch gemein hat, zeigen die Fragen, die man an den Prozess stellt: Welche Substanz soll entstehen? Welcher Mikroorganismus ist der geeignete Baumeister? Womit füttert man den Mikroorganismus? Wie und wo soll das ablaufen? Wie macht man daraus das Endprodukt? Mit der traditionellen Fleisch- und Wurstverarbeitung kommt man da nicht weit – ein Metzgermeister wäre mit seinem Latein und seinem Equipment schnell am Ende.

Obwohl Schlachtfleisch und kultiviertes Fleisch nahezu identisch sind, trennt ihre Herstellung Welten. Während die Kühe im Stall oder auf der Weide fressen, vermehren sich die Fleischzellen in Stahltanks. Und während das Steak hier aus dem Tier geschnitten wird, muss man es dort aus kultivierten Zellen formen.

Kultiviertes Fleisch in Kleinstmengen zu produzieren, funktioniert bereits. Für den Massenmarkt aber braucht es eine Produktion im industriellen Maßstab. Zellen in riesigen Reaktoren zu vermehren, bringt neue technische Herausforderungen mit sich. Bedacht werden müssen Parameter wie Gasaustausch, Hitzetransfer, Scherkräfte, Durchmischung und Schaumbildung. Das sind jedoch Peanuts im Vergleich zur bloßen Logistik. Um die für die Ernährungswende nötigen Millionen von Tonnen produzieren zu können, muss eine völlig neue Infrastruktur geschaffen werden, ähnlich dem flächendeckenden Ausbau von Ladesäulen für Elektroautos. «Es gibt so gut wie nichts, was man umwidmen kann», sagt Steven Winegar von der Investmentfirma McWin Capital Partners. Alles müsse extra gebaut werden. Für ihn ist die Infrastruktur deshalb die größte Herausforderung. Um auch nur ein Prozent der heutigen Fleischproduktion durch Zellkulturen zu ersetzen, bräuchte man zehn- bis zwanzigmal mehr Bioreaktoren als die Pharmaindustrie für ihre Biomoleküle heute betreibt.

Ivo Rzegotta vom Good Food Institute sieht hier vor allem für Deutschland auch eine Chance. Zwar liegt das Land beim Thema kultiviertes Fleisch hinter anderen Ländern wie den USA, Israel und den Niederlanden zurück. Doch «bei Industrielösungen in den vorgelagerten Bereichen der Wertschöpfungskette», so Rzegotta, also beim Entwickeln und Zuliefern von Maschinen und Nährmedien, kann Deutschland seine Stärken ausspielen.

12

Steak

Ganz positiver Pragmatiker, der er war, wollte Röben die Top
10 der Fleisch- und Wurstprodukte in Vegan auf den Markt
bringen. Eine Wurst nachzumachen, ist im Prinzip relativ
einfach. Man ersetzt das Fleisch durch Pflanzen, hilft ge-
schmacklich etwas nach und lässt die restlichen Zutaten ansonsten weitgehend gleich. Auch die Herstellung kann im
Grunde so bleiben: Alles oben rein in den Mischer, erhitzen,
pressen, abfüllen, fertig. Je höher der Fleischanteil ist, desto
schwerer fällt jedoch das Imitieren. Als Meisterstück gilt das
Steak mit seiner von Fettschichten durchzogenen, faserigen
Struktur – pures Fleisch vom Tier, faszinierend und unwi-
derstehlich für die einen, abstoßend für die anderen.

Einige Haken konnte er auf seiner Top-10-Liste bald setzen, aber manche eben nicht. Immer wieder fragte er nach
Kochschinken und Steak, doch seine Entwickler winkten
ab: Was immer sie in ihrem Mischer zusammenschütteten,
unten kam immer nur Wurst oder bestenfalls Hack heraus. Das Problem war die Fleischfaser, die mit diesem Verfahren unmöglich nachzuahmen war. Mit anderen Worten: Es haperte an der Maschinentechnik.

Röben setzte auf Zeit. Bei acht Milliarden menschlichen Gehirnen, so dachte er, wird eines schon die zün-

dende Idee haben. Und so kam es. Eines Tages rief ihn my-
muesli-Mitgründer Hubertus Bessau an, den er kannte,
seit er auf Bessau eine Laudatio gehalten hatte. Bessau, inzwischen bei mymuesli aus dem operativen Geschäft aus-
gestiegen, erzählte ihm, dass er und seine beiden Mitstrei-
ter, der Textiltechnik-Ingenieur David Schmelzeisen und
der Ex-Zalando-Manager Jan Wilmking, Steaks machen
wollten. So weit, so unwahrscheinlich: Leute aus der
Müsli- und Textilbranche wollten ihm, dem Veggie-Pionier Röben, erzählen, wie Fleisch geht? Doch Bessau zeigte
ihm ein Foto von einem jungen Mann in Laborkluft und
drei saftigen Bratenstücken, frisch aus der Rinderlende geschnitten, wie es schien. Bei einem der Bratenstücke aber
trog der Schein, es war rein pflanzlich.

Entsprechend angefixt fuhr Röben nach Berlin in eine
angemietete Laborküche für Start-ups. Zuerst bekam er
das Stück Pflanzenbraten noch eingeschweißt in die
Hand. Marmorierung und Druck waren verblüffend echt,
er hätte es für Tierfleisch gehalten. Auch beim Anbraten
und Schneiden auf dem Teller verhielt sich das Pflanzen-
steak wie eines vom Tier. Da es bislang nur um Aussehen
und Konsistenz gegangen war, schmeckte es noch wie Ess-
papier, doch den Geschmack von Fleisch hinzubekom-
men, wäre das kleinste Problem, damit hatte Röben reichlich Erfahrung.

Wie die Entwickler diese Fleischkonsistenz imitieren
können, ist ihr Geheimnis. Sie verraten nur so viel, dass
man sich das Verfahren in etwa wie das Spinnen von Wolle
vorstellen müsse. Das Tolle an dem Verfahren sei seine Fle-

xibilität: Ob butterweiches Lachssteak oder bretthartes Bündnerfleisch, ob zartes Rosa oder tiefstes Braun, alles sei machbar, versichern die Entwickler. Röben war jedenfalls sofort begeistert und investiert seitdem in Project Eaden, so der Name der jungen Firma.

Inzwischen musste Röben allerdings erkennen, dass die Pforten zum Paradies erst einen kleinen Spalt offen stehen. Dieses eine Stück Pflanzenfleisch «war ein richtig geiler Schuss», sagt er. Auf die ganze Strecke gesehen war es nicht mehr als ein hoffnungsvoller Start. Um ins Ziel zu kommen, sprich in den Massenmarkt, muss Project Eaden vor allem Reproduzier- und Skalierbarkeit in den Griff kriegen, sie müssen ihr Steak also mit gleichbleibender Qualität in Massen produzieren können. Daran hapert es bislang. Als Röben zwei Monate nach seinem ersten Besuch zu einer neuen Verkostung nach Berlin fuhr, zermatschte das Stück unter seiner Gabel. Fehlversuch, neuer Anlauf. Dennoch bleibt Röben bei dem stark vergrößertem F&E-Team und ausreichenden Finanzmitteln optimistisch: «Das kann echt was werden mit dem Steak.»

Project Eaden sollte sich allerdings sputen, denn inzwischen sind die ersten Pflanzenprodukte auf dem Markt, die ein Fleisch am Stück imitieren. Das fängt beim Schnitzel an, dessen Panade Unzulänglichkeiten des Fleischs noch gnädig verhüllt. Die Prüfer von Stiftung Warentest, die im Herbst 2022 18 Schnitzelvarianten verkosteten, ließen sich aber nicht täuschen: Nur sechs Schnitzeln bestätigten sie deutliche Fleischähnlichkeit. Über den Testsieger Vegane Mühlen Schnitzel von Rügenwalder urteilten sie: «Ähnelt deutlich einem Schnitzel aus Geflügelfleisch. Knusprig. Inneres kurzfasrig, leicht locker, leicht saftig.»

Auch richtige Steaks gibt es bereits zu kaufen. Eines der ersten war das Vegane Mühlen Steak Typ Rind von Rügenwalder, das in der Kategorie «herzhaft» beim Petas Vegan Food Award 2019 zu den Gewinnern gehörte. «Ein sicherer Hit beim nächsten Grillabend», so Peta, dennoch hat Rügenwalder das Steak inzwischen wieder vom Markt genommen. Gleich doppelt prämiert wurde Beyond Steak von Beyond Meat, das den Food and Beverage Innovation Award 2023 der US-National Restaurant Association in den USA bekam. Es sei «bahnbrechend in Sachen Kreativität und Geschmack», besondere Merkmale seien sein «zarter Biss» und seine «karamellisierte Kruste». Das Steak auf der Basis von Favabohnenprotein wurde auch in die Liste der besten Erfindungen 2022 des «Time Magazine» aufgenommen.

Sogar ganze Filets sind schon im Handel. Das slowenische Start-up Juicy Marbles etwa schickt deutschen Kunden per Kühlexpress für rund 60 Euro inklusive Versand ein etwa 750 Gramm schweres Stück, das echtem Schweinefilet täuschend ähnlich sieht, sich genauso anfühlt und in Pfanne und Ofen wie ein tierisches Filet verhält. Auf dem Teller ist es butterzart und leicht faserig, und es schmeckt durchaus tierähnlich. Als Braten zerfällt es beim Aufschneiden leichter als sein tierisches Pendant, aber das ist auch schon der deutlichste Unterschied.

In Österreich kann man die Filets von Juicy Marbles seit April 2023 exklusiv bei der Lebensmittelkette Billa kaufen. Verena Wiederkehr, Leiterin des pflanzenbasierten Geschäfts bei Billa, ist vom Fleisch aus dem Nachbarland begeistert: Es sei «im gesamten pflanzlichen Fleischsegment ein wahres Kronjuwel» und schaffe «neue Standards».

Vertreter der Kulturfleischszene bleiben dennoch skeptisch, und beharren darauf, dass zum echten Fleischerlebnis unbedingt echte Tierzellen gehören. Aber auch kultiviertes Fleisch aus Tierzellen garantiert noch kein Esserlebnis wie im Steakhaus: Die Entwickler müssen die Fleischzellen nämlich noch so in Form bringen, dass auch Gaumen und Kauapparat sie für einen echten Tiermuskel halten.

Dafür gibt es mehrere Ansätze: Der eine ist der 3D-Druck, bei dem Hunderte Hohlnadeln die Muskel-, Fett- und Gerüstzellen in eine dreidimensionale Struktur spritzen. Dass der 3D-Druck grundsätzlich funktioniert, zeigt ein Video der israelischen Firma Steakholder Foods. Da spritzt eine Maschine Fischzellen in Schichten auf, bis sich am Ende wie von Zauberhand ein Zackenbarschfilet materialisiert. Robin Maatz und Andreas Blaeser von der TU Darmstadt sind jedoch skeptisch, dass diese Technologie die angestrebten Gigamengen an Fleisch produzieren kann. Blaeser ist Professor für Biomedizinische Drucktechnologie im Fachbereich Maschinenbau. Sein Doktorand Maatz und er haben hochgerechnet, dass der 3D-Druck mit seiner stückweisen Produktion einen so hohen Einsatz von Maschinen und Personal erfordert, dass ein Kilogramm Fleisch am Ende viel zu teuer käme.

Blaeser und Maatz verfolgen eine andere Idee: Ihr Verfahren beruht auf dem traditionellen 2D-Siebdruck. Da-

Kann man Steaks bald drucken?

bei werden die verschiedenen Zelltypen als Biotinte nacheinander in hauchdünnen Schichten großflächig ausgebracht – genau so, wie man Farben auf ein T-Shirt druckt. Sind die knapp einen halben Millimeter dicken Zellschichten gedruckt und gereift, werden dutzende Schichten aufeinandergestapelt. Im Stapel verwachsen die Zellen dann zu Strukturen, die Muskelfasern ähneln. «Das Tolle am Siebdruck ist», sagt Blaeser, «dass die Maschine bei etlichen Kilogramm Durchsatz pro Minute allerfeinste Strukturen erzeugen kann.» Sie arbeiten zwar noch im Labormaßstab, aber sie haben bereits eine Pilotanlage für Steaks entwickelt, die im Prinzip funktioniert.

Eine dritte Variante hat die israelische Firma Aleph Farms eingesetzt, um das, wie die Firma schreibt, «weltweit erste kultivierte Steak» noch im Jahr 2023 auf den Markt zu bringen – die Zulassung vorausgesetzt. Keimzelle ihres Rindersteaks ist ein befruchtetes Ei aus einer kalifornischen Black-Angus-Kuh namens Lucy. Das Ei darf sich ein paarmal teilen, bis daraus Stammzellen gewonnen werden können. Diese Stammzellen vermehren sich in einem Bioreaktor, um sich in einem letzten Schritt an einem Gerüst aus Soja- und Weizenprotein zu Muskelzellen auszudifferenzieren. In vier Wochen reifen so die Steaks heran.

Dem ersten kultivierten Rindersteak ganz nah zu sein, behauptet auch das Schweizer Start-up Mirai Foods. Es hat eine zum Patent angemeldete, sogenannte Fibrationstechnologie entwickelt. Dabei sollen sich in einem aufrecht stehenden Glaszylinder in nur fünf bis zehn Tagen voll ausgereifte, lange Muskelfasern bilden, die «durch Enzyme verbunden und mit gezüchtetem Fettgewebe ergänzt werden», wie das Wirtschaftsmagazin «Vegconomist» schreibt.

In den kommenden Jahren wird es also gleich zwei spannende Wettrennen geben – zum einen zwischen pflanzlichen und kultivierten Fleischalternativen, zum anderen zwischen den verschiedenen Techniken bei der Herstellung. Neben rein pflanzlichen und rein tierischen Fleischstücken wird es auch Hybride geben: Steaks aus Pflanzen, angereichert mit kultivierten Fettzellen, oder tierische Produkte, gestreckt mit pflanzlichen Anteilen.

13

Motivation

In Röbens Familie kann jeder die fatalen Folgen des Fleischkonsums rauf- und runterbeten. Jedes neue Veggie-Produkt
durchläuft den internen Check. Doch wer glaubt, die Röbens seien unisono Hardcore-Veganer, irrt. Zum einen
stimmt «unisono» nicht, denn jedes Familienmitglied hat
sein eigenes Tempo, zum anderen sind sie keine Veganer,
und Hardcore schon gar nicht. Sie schränken ihren Tierverbrauch zwar stark ein, verzichten aber nicht vollständig.

Jedes Familienmitglied hat seine eigenen Grenzen. Die
Tochter entsagte als Erste allem Tierischen, doch eines Tages gönnte sie sich wieder Kuhmilch im Kaffee. Begrün-
dung: Für den einen Kaffee am Tag, den sie trinkt, erlaubt
sie sich die Schwäche, weil ihr die Alternativen einfach
nicht schmecken. Der Sohn hatte den Dokumentarfilm
«Seaspiracy» über industriellen Fischfang gesehen und
keinen Fisch mehr gegessen, zumindest eine Zeit lang. Röbens Frau kommt aus der Landwirtschaft, 150 Kühe, Haus-
schlachtungen inklusive. Sie kann nichts essen, was noch
an Tier erinnert, früher war es das Spanferkel, heute ist es
jedes Stück Fleisch. Fisch allerdings isst sie.

Und Röben selbst? Er, der Veggie-Pionier, ist der Laxeste
in der Familie – was er selbst «unglaublich» findet. In sei-

ner Kneipe nimmt er zwar oft den Veggie-Burger, aber wenn er sich mit seinem Stammtisch trifft, gehen bei 14 Leuten auch mal 14 Currywurst plus Pommes über den Tresen. «Du machst dich ja auch zum Vollhorn, wenn du da Salat isst», sagt er. Zu seinen kleinen Sünden steht er. Denn wenn jeder Mensch seinen Fleischkonsum um 70 oder 80 Prozent reduzieren würde, was er locker erreicht, wäre die Ernährungswende geschafft. Trotz der gelegentlichen Schwäche ist für Röben eines klar: Wo es perfekte Ersatzprodukte gibt, greift er zu. «Ich würde mir nie wieder echte Salami, Mortadella oder Nuggets kaufen.»

Womit sich Röben außerdem tröstet, und seine gelegentliche Currywurst rechtfertigt: Trotz perfekter Ausgangslage ist der Wille zum Fleischverzicht in seiner Familie ähnlich ausgeprägt wie in großen Teilen der Gesellschaft. Und da er die Gesellschaft verändern möchte, ist es ganz gut, zu wissen, wie sie tickt, mit all ihren menschlichen Schwächen.

Wie bei den Röbens dominiert in der Gesellschaft die Überzeugung, dass man auch mit einer flexitarischen Lebensweise schon viel erreicht. Die Rügenwalder Mühle wollte das genauer wissen. Im Juli und August 2022 ließ sie vom Meinungsforschungsinstitut YouGov 3000 Erwachsene in Deutschland zu ihren Essgewohnheiten befragen. Ergebnis der Studie «Angerichtet»: Etwas mehr als die Hälfte der Befragten bezeichnet sich als Fleischesser, 9 Prozent als Veganer und Vegetarier, der Rest als Flexitarier. Auffällig ist dabei die Veggie-Alterspyramide: Unter den 18- bis 34-Jährigen verzichten fast 20 Prozent komplett

Die typische Vegetarierin oder Veganerin ist der Studie zufolge jung, weiblich, gebildet und wohlhabend.

auf Tierfleisch, bei den über 55-Jährigen nur 4 Prozent. Die typische Vegetarierin oder Veganerin ist der Studie zufolge jung, weiblich, gebildet und wohlhabend.

Die Meinungsforscher von Opinion Way fragten im Auftrag des Good Food Institute gut 4000 Erwachsene in Deutschland, Frankreich, Italien und Spanien nach den Gründen für eine Einschränkung oder Beendigung des Tierfleischkonsums. Die vier populärsten Gründe waren Tierwohl, Umwelt, Gesundheit und Preis. Während in Deutschland knapp 40 Prozent das Tierwohl als Hauptmotiv angaben, war es in Italien die Gesundheit und in Frankreich der Preis, in Spanien liegen Gesundheit, Umwelt und Tierwohl etwa gleichauf. Viele probieren offenbar Alternativen zum Tierfleisch aus: 40 Prozent der Befragten in Deutschland gaben an, mindestens einmal im Monat pflanzenbasiertes Fleisch zu essen, 60 Prozent hoffen auf Alternativen zu Tierfleisch.

Welch große Rolle das Alter spielt, zeigt auch eine Studie aus den USA vom März 2023 an gut 3000 Probanden. Sie benennt die Generation Z, also die zwischen 1997 und 2012 Geborenen, als Haupttreiber der Ernährungswende, aus überraschenden Motiven: Nach den wichtigsten Gründen für ihre vegane Lebensweise gefragt, nannte etwa die Hälfte die Gesundheit, nur je 17 Prozent gaben Tierwohl und Umwelt an.

Aber egal aus welchem Grund – der Verzicht auf Fleisch ist Trend, wie die Rekordbeteiligung am Veganuary zeigt, der Menschen dazu motivieren möchte, sich einen Monat lang auf das vegane Leben einzulassen. 2023 unterstützten mit 850 Unternehmen mehr als doppelt so viele die Kampagne wie im Jahr zuvor. Fast jeder Zehnte in Deutschland machte mit, wie das Marktforschungsunternehmen YouGov ermittelte. Für ein Viertel der Menschen ist vegane Ernährung als Neujahrsvorsatz immerhin ein Thema.

Steaks und Würstchen aus kultiviertem Fleisch könnten dazu beitragen, dass es viele schaffen, beim Fleischverzicht zu bleiben. Denn auch wenn es grundsätzlich Vorbehalte gegen «künstliches» Essen gibt, und die Natürlichkeit der Nahrung besonders wertgeschätzt wird, ist die Kaufbereitschaft groß: Die Umfrage des Good Food Institute von 2022 zeigte, dass sich 57 Prozent der Befragten vorstellen könnten, kultiviertes Fleisch zu kaufen. Interessanterweise sind hier, anders als bei den Pflanzenprodukten, die Männer mit 62 Prozent Zustimmung positiver eingestellt als die Frauen mit 52 Prozent. Das Altersgefälle ist dagegen auch hier zu beobachten: Bei den unter 25-Jährigen würden sogar 82 Prozent kultiviertes Fleisch kaufen, bei den über 50-Jährigen nur halb so viele.

Die Aufgeschlossenheit gilt übrigens auch für Veganer und Vegetarier, weiß Jens Tuider von ProVeg International. Für ihn sind vegane Produkte in jeder Hinsicht die absolut perfekte Lösung, «aber eine perfekte Lösung ist nur dann perfekt, wenn sie auch von allen angenommen wird.» Deshalb hat er das Thema kultiviertes Fleisch vor fünf Jahren bei ProVeg auf die Agenda gesetzt. Nach einigen Diskussionen hat sich die pragmatische Haltung durchgesetzt, dass alles recht ist, was Tierleid verhindert und die Umwelt entlastet. «Angesichts der Dringlichkeit können wir es uns gar nicht erlauben, an der reinen Lehre festzuhalten», sagt Tuider. Und die meisten, die auf Fleisch verzichten, lehnten nicht das Produkt, sondern die Herstellung ab. Er sagt: «Die Wurst kann ja nichts dafür.»

14

Gesundheit

Wie schnell sich der Lebensmittelmarkt verändert, zeigt die Entwicklung der Firmen Kemper und Reinert. Aus den zwei großen Betrieben wurde 2020 The Family Butchers. Ein Jahr später kam die Sparte The Plantly Butchers für pflanzliche Fleischalternativen dazu, The Family Butchers wurde der Holding-Name. Wieder nur ein Jahr später nannte sich die Holding in InFamily Foods um, ergänzt um eine dritte Sparte The Cultivated B für Präzisionsfermentation und kultiviertes Fleisch.

Um die Expansion personell zu unterstützen, wandte sich Hans-Ewald Reinert, einer der beiden Chefs der Holding, im Dezember 2021 an Röben – er wollte ihn für The Plantly Butchers und deren Marke Billie Green gewinnen. Um Röben das Engagement schmackhaft zu machen, erzählte Reinert, dass die Leute von Billie Green eine sagenhaft gute Salami und einen Bacon hinbekommen hätten. Und außerdem bräuchten sie dafür keine Zusatzstoffe.

Da horchte Röben auf. Früher hatten ihn die Zutatenlisten wenig interessiert, aber als dann Ökotest und andere immer mehr auf die Inhaltsstoffe der pflanzlichen Würste schauten und diese als Chemiebaukästen kritisierten, nahm er die Sache ernster. Er sah Testberichte immer als Seismografen der öffentlichen Meinung an und hatte deshalb die Ahnung, dass Inhaltsstoffe ein großes Thema werden würden, ja, dass das Chemie-Image sogar den Siegeszug der Veggie-Alternativen stoppen könnte. Doch mit wem er auch sprach, alle winkten ab. Auf manche Zusatzstoffe könne man einfach nicht verzichten.

Wie sie das bei Billie Green machten, war und ist Betriebsgeheimnis, das haben sie Röben bis heute nicht verraten. Er weiß nur, dass Fermentation das Zauberwort ist und dass sich die Branche in zehn Jahren komplett verändert hat. War am Anfang kreatives Metzgerhandwerk gefragt, geht es heute eher um Patente, Maschinentechnik und Fermentation.

Aber ist das gesund, wenn man Tierfleisch durch Pflanzenfleisch ersetzt? Die Frage berührt zwei Ebenen: Zum einen geht es um den Verzicht an sich. Fleischesser verteidigen sich unter anderem damit, dass Produkte vom Tier wichtige Nährstoffe enthalten, die Pflanzen nicht oder nur in geringen Mengen haben, wie etwa bestimmte Proteine, Fettsäuren, Vitamine und Elemente. Vereinzelt sind solche Befürchtungen berechtigt: Veganerinnen haben ein etwa doppelt so hohes Risiko, sich die Hüfte zu brechen, wie Allesesserinnen. Sie nehmen weniger Kalzium auf, was ihre Knochen poröser macht, und sie sind häufig schlanker, haben also weniger Polster auf den Hüften, die einen Sturz dämpfen können.

Wer ganz sicher gehen möchte, bei veganer Ernährung genug Nährstoffe zu sich zu nehmen, sollte sich über Er-

Ist kultiviertes Fleisch gesund?

gänzungspräparate informieren. Auch eine flexitarische Lebensweise beugt einer möglichen Mangelernährung vor. So empfiehlt die Deutsche Gesellschaft für Ernährung täglich Milchprodukte und wöchentlich Fisch. Fleisch ist nicht nötig, aber eventuell hilfreich: «Als Teil der vollwertigen Ernährung kann eine kleine Menge Fleisch die Versorgung mit lebenswichtigen Nährstoffen erleichtern.» Wohlgemerkt: Bei diesen Empfehlungen geht es ausschließlich um die Gesundheit, nicht berücksichtigt sind Aspekte wie Tierwohl und Klima.

Die Frage, wie gesund pflanzenbasiertes und kultiviertes Fleisch sind, ist damit noch nicht beantwortet. Werkzeuge wie die Präzisionsfermentation können dazu beitragen, tierische Substanzen exakt nachzubauen. Auch lassen sich die Produkte mit gesundheitlich wertvollen Zutaten anreichern, um potenzielle Mängel eines veganen Lebensstils auszugleichen. So haben Ersatzprodukte das Zeug zum sogenannten Superfood – das Gute vom Tier kommt rein, das Schlechte bleibt draußen. Erste Hinweise für einen gesundheitlichen Nutzen von Ersatzprodukten gibt es bereits: So kommt eine Metaanalyse der Universität Warwick von 2023 zu dem Schluss, dass man seinen Cholesterinspiegel wahrscheinlich positiv beeinflussen und damit möglicherweise sein Herzinfarktrisiko senken kann, wenn man tierisches durch Pflanzenfleisch ersetzt.

Die Konsumenten alternativer Fleischprodukte sind denn auch mehrheitlich davon überzeugt, gesund zu essen: Laut einer Studie des Marktforschungsinstituts Epap bewerten 71 Prozent Veggie-Fleischalternativen als gesunde Lebensmittel, und 62 Prozent halten sie für gesünder als die tierischen Pendants.

Um auch die Nicht-Konsumenten von Veggie zu überzeugen, trimmen manche Hersteller ihre Produkte extra auf Gesund. Im März etwa gab die Firma Impossible Foods bekannt, von ihrem Impossible Beef eine Light-Version kreiert zu haben, mit weniger Kalorien, weniger Fett, weniger Salz und mehr Protein. Im Vergleich zum tierischen Rindfleisch hat das Light-Beef etwa gleich viele Kalorien und Proteine, dafür nur etwa halb so viel Fett, aber 3,5-mal so viel Salz. Dass selbst das Light-Beef noch so viel Salz braucht, liegt am starken Eigengeschmack der Zutaten, den das Salz überdeckt.

Hochverarbeitete Speisen wecken Misstrauen, allerdings wissen die wenigsten, was das genau ist. Laut Definition der NOVA-Lebensmittelklassifikation gilt nämlich alles als hochverarbeitet, was mehr Schritte durchlaufen hat als etwa geräucherter Fisch oder Dosentomaten. Nur acht Prozent der erwachsenen Briten wissen zum Beispiel, dass ihre geliebten Baked Beans aus der Dose, ohne die ein Full English Breakfast undenkbar ist, ebenso zu den hochverarbeiteten Lebensmitteln zählen wie fettarmer Fruchtjoghurt. Und obwohl hochverarbeitete Lebensmittel insgesamt das Diabetesrisiko erhöhen, senkt eine Untergruppe mit Vollkornbrot und Müsli das Risiko, wie eine in der Fachzeitschrift «Diabetes Care» publizierte Studie zeigt.

Wie holzschnittartig die NOVA-Klassifikation ist, betont auch Daniel Wefers, Professor für Lebensmittelchemie an der Universität in Halle, in einem «Spiegel Plus»-

Interview: «Die Gruppe der hochverarbeiteten Lebensmittel ist viel zu heterogen, um ein pauschales Urteil zu fällen.» Man solle lieber genau auf die Nährstoffzusammensetzung schauen. Außerdem darf man laut Wefers die Produkte nicht isoliert betrachten. Man müsse sie vielmehr im Verhältnis zu den Produkten sehen, die man ersetzen möchte. Was den Nährwert angeht, darf man also Äpfel mit Birnen vergleichen und auch pflanzliche mit tierischer Mortadella, aber eben nicht Obst mit Wurst.

Zudem ist für Wefers die reine Anzahl der Zusatzstoffe ein «unsinniges Kriterium», da Ersatzprodukte naturgemäß mehr Zutaten enthalten. Ein Beispiel: Da sie aus Pulvern zusammengemischt werden, muss man ihnen Wasser zusetzen, das dann als eigene Zutat auftaucht.

Einige der Bedenken gegen Produkte auf Pflanzenbasis könnten mit kultiviertem Fleisch entkräftet werden. Da sie aus echten Tierzellen bestehen, sind weniger Zusatzstoffe notwendig, um den tierischen Geschmack zu imitieren. Dafür graust es manche bei der Vorstellung, Fleisch aus einem Bioreaktor zu essen – dass Bier seit alters her in solchen Kesseln reift, ist gefühlt ein anderes Thema.

Welche Gefahren die Herstellung von kultiviertem Fleisch tatsächlich mit sich bringen könnte, haben die Welternährungsorganisation FAO und Weltgesundheitsorganisation WHO analysiert. Ihr 2023 veröffentlichter Bericht listet insgesamt 53 mögliche Gefahrenquellen auf, aufgedröselt nach Zellgewinnung, Produktion, Ernte und Fertigstellung. Dabei geht es um Themen wie Verunreinigungen mit Bakterien, Giften, Mikroplastik, Allergenen und Schwermetallen. Der Bericht ist trotzdem kein Aufreger: Die allermeisten Gefahren lauern genauso in entsprechenden tierischen Produkten. Und alle potenziellen Probleme lassen sich umgehen, wenn die Vorgaben einer guten Herstellung eingehalten werden.

Der Bericht nennt neben den Gefahrenquellen, die die Experten identifiziert haben, drei weitere Ängste, die die Bevölkerung umtreiben: dass man von kultiviertem Fleisch Krebs bekommt, weil die verwendeten Zellen sich ewig teilen können, dass genetische Manipulationen im Herstellungsprozess mit den Zellen auf uns oder auf Mikroorganismen übergehen und so gefährlich werden und dass Mykoplasmen – eine permanente Bedrohung aller Zellkulturen – neue Krankheitserreger entstehen lassen. Der Bericht entkräftet diese Bedenken in allen Details. In Kurzform: Sie sind erstens biologisch nicht plausibel und zweitens auch beim Verzehr von Tierfleisch gegeben.

Im direkten Vergleich mit Schlachtfleisch ist kultiviertes Fleisch zum Teil sogar gesünder: Wenn die Produktion steril ist, kommt kultiviertes Fleisch ganz ohne Antibiotika aus – für die Tiermast wurde ein Antibiotika-Bann dagegen im Herbst 2021 im EU-Parlament erneut abgelehnt. Auch gibt es bei kultiviertem Fleisch in der keimfreien Produktion im Prinzip kein Risiko einer Infizierung durch Salmonellen oder andere Krankheitserreger, und kultivierte Meerestiere enthalten weder Schwermetalle noch Mikroplastik.

15

Umwelt

Ihre erste Veggie-Mortadella war gerade auf dem Markt. Im Interview erzählten Rügenwalder-Chef Christian Rauffus und Godo Röben, was sie zum Schwenk vom Tier zur Pflanze motiviert hatte. Während Röben das Tierleid anführt, sagte Rauffus, das sei für ihn als Jäger nicht so entscheidend gewesen. Ihn treibe eher um, was wir mit der massenhaften Tierhaltung dem Klima antun. Röben stutzte und nach dem Interview redete er als Marketingleiter Rauffus ins Gewissen: «Wieso positionierst du uns nicht klar beim Tierleid? Das ist es, was die Menschen berührt.» Klima war damals für Röben weit weg, Klima war Energie und Autos, aber Ernährung?

Der hemdsärmelig wirkende Rauffus, der gerne mit seiner Motorradgang unterwegs war und mit Arbeitern ein Bierchen trank, war sehr belesen und seiner Zeit oft voraus. So auch beim Thema Ernährung und Klima. Und wie es so ist, wenn man auf ein überraschendes Argument stößt, dann begegnet es einem plötzlich überall, sagt Röben. «Langsam begriff ich, dass auch Klima ein Thema ist, das die Leute triggern und zum Griff ins Veggie-Regal bewegen kann.» Und so langsam sickert es auch ins Bewusstsein der Bevölkerung, welchen hohen Anteil Fleisch und

Wurst am CO_2-Fußabdruck haben und wie groß der Hebel beim Tierverbrauch ist.

Dass Pflanzliches die Umwelt weniger belastet als Tierisches, ist offensichtlich. Schließlich verbraucht jedes Glied in der Nahrungskette Ressourcen. Nimmt man Tiere aus der Nahrungskette heraus und isst die Pflanzen selbst, statt sie an die Tiere zu verfüttern, steigt die Effizienz und die Umweltbelastung sinkt. Jede Tierart nutzt die Ressourcen sehr unterschiedlich, so braucht eine Kuh pro Kilogramm Fleisch etwa 30-mal mehr Nahrung als ein Hühnchen. Und doch bleibt auch der Weg über das Hühnchen ein Umweg.

Da neben Kohlendioxid auch Methan, Stickoxide und andere Gase zur Klimaerwärmung beitragen, ist es für einen Vergleich verschiedener Verursacher sinnvoll, einen Gesamtindex zu berechnen. Den Klima-Fußabdruck gibt man deshalb üblicherweise in Kohlendioxid-Äquivalenten an. Eine Studie der Tulane-Universität in New Orleans errechnet für vegane Ernährung einen Klima-Fußabdruck von 0,7 Kohlendioxid-Äquivalenten, für vegetarische von 1,2, für pescetarische (also die Ergänzung durch Fisch) von 1,7 und für omnivore (Allesesser) von 2,2. Ein Verzicht auf Tierprodukte reduziert die Belastungen für das Klima also bis zum Faktor 3,2.

So ein Sprung ist in anderen Lebensbereichen nicht zu schaffen. Die Boston Consulting Group kommt deshalb zu dem Schluss, dass «pflanzliche Proteine der Wirtschaftsbereich sind, in dem ein investierter Dollar den größten Effekt für den Klimaschutz hat». Folglich legt beispiels-

Pflanzliche
Proteine sind
der Wirtschafts-
bereich, in dem
ein investierter
Dollar den
größten Effekt
für den Klima-
schutz hat.

weise das Danish Climate Council – ein unabhängiger Berater der dänischen Regierung – den Landsleuten ans Herz, zwei Drittel ihres Tierfleischkonsums durch pflanzenbasierte Produkte zu ersetzen. Auf diese Weise könnten knapp 4 Millionen Tonnen Kohlendioxid-Äquivalente eingespart werden, was wesentlich zum Erreichen der Klimaziele beitragen würde. Deutlich wird auch das Bundesumweltamt: «Die derzeitige Ernährungsweise in Deutschland ist unvereinbar mit dem Pariser Klimaabkommen und den Zielen für nachhaltige Entwicklung in Bezug auf Landnutzung, Biodiversität und Wasserverschmutzung.»

Noch verschließen viele Menschen davor die Augen. Omnivore Angehörige der Generation Z, also der zwischen 1997 und 2012 Geborenen, wurden in den USA gefragt: «Glaubst du, dass Veganismus helfen kann, die Umwelt zu schützen?» 48 Prozent antworteten «nein», 40 Prozent «ja». «Das ist wahrscheinlich das schockierendste Ergebnis unserer Befragung», schreiben die Autoren der Studie. Selbst von den Veganern der Generation Z gaben nur 17 Prozent die Umwelt als Grund für ihren Tierverzicht an.

Dabei sind die Einsparpotenziale gewaltig. Die Betreiber des Veganuary haben vorgerechnet, dass eine Million Teilnehmende, die für einen Monat probeweise auf Tierprodukte verzichten, 100 000 Tonnen Kohlendioxid-Äquivalente einsparen, was so viel ist wie etwa eine halbe Million Personenflüge zwischen München und Paris. Außerdem gelangen 400 Tonnen Phosphat-Äquivalente weniger in Flüsse und Seen, was gut 1500 Tonnen Abwasser, Gülle und Düngemittel entspricht. Und schließlich werden

6 Millionen Liter weniger Wasser und gut 3 Millionen weniger Tiere verbraucht.

Auch kultiviertes Fleisch sollte eine bessere Umweltbilanz haben als Fleisch vom ganzen Tier. Schließlich braucht eine Zellkultur weder Knochen, Gehirn, noch all die anderen Organe, Energie und Nährstoffe fließen eins zu eins in Muskelfleisch. Wie es in der Praxis aussieht, dokumentierte die unabhängige Forschungs- und Beratungsorganisation CE Delft 2021 in einem knapp 50-seitigen Bericht, der die Umweltauswirkungen von kultiviertem Fleisch erstmals mit Zahlen aus echten Produktionen ermittelte. Die Wissenschaftler verglichen das kultivierte Fleisch zum einen mit umweltbewusst erzeugtem Schlachtfleisch, zum anderen mit Fleischersatz auf Pflanzenbasis. Das Ergebnis: Fleischersatz auf Pflanzenbasis, ob aus Erbsen, Soja oder anderen Grundstoffen, ist kultiviertem Fleisch in allen Belangen überlegen. So weit war das zu erwarten. Die relevante Vergleichsgröße ist jedoch das Schlachtfleisch. Und da sieht die Sache anders aus.

Eindeutig für kultiviertes Fleisch spricht zum einen die Effizienz: Die sogenannte Feed-Conversion-Ratio, also der Nutzungsgrad der Nährstoffe, ist bei kultiviertem Fleisch besser als bei jedem Schlachtfleisch. Ein Rind benötigt für ein Kilogramm Fleisch, zählt man das Gras dazu, mindestens das Hundertfache an Nahrung, ein Schwein das Fünffache, ein Huhn das Dreifache. Auch beim Wasserverbrauch muss man nach Tierart unterscheiden: Rinder sind etwa fünfmal so durstig wie die Zellen in den Tanks, Schweine und Hühner kommen mit etwa gleich viel Wasser aus. Ein wichtiger Faktor ist der Platzbedarf: Während Tiere im Stall und auf der Weide nebeneinanderstehen, um Licht und Luft zu bekommen, lassen sich die Stahltanks mit den Zellkulturen nahezu beliebig in die Höhe bauen. Es spräche auch nichts dagegen, sie unter der Erde oder an Orten aufzustellen, die für die Tierzucht zu unwirtlich sind.

Etwas komplizierter wird es beim Klima. Klimaschädigende Gase entstehen vor allem dann, wenn Energie verbraucht wird. Schlachtfleisch benötigt einen Energiemix, kultiviertes Fleisch dagegen überwiegend Strom, vor allem für die Massenproduktion und da besonders für das Kühlen der Bioreaktoren. Wenn der Strom aus fossilen Quellen stammt, rechnet das Delft Institut für die Produktion von einem Kilogramm kultiviertem Fleisch mit gut 10 Kilogramm Kohlendioxid-Äquivalenten. Damit schneidet kultiviertes Fleisch besser ab als Fleisch vom Rind, aber nicht besser als vom Schwein oder Huhn. Mit Wind- und Sonnenstrom fällt der Klimafußabdruck auf etwas über 1 Kilogramm Kohlendioxid-Äquivalente, womit kultiviertes Fleisch sauberer als jedes Schlachtfleisch ist, selbst wenn dafür ebenfalls regenerative Energien zum Einsatz kommen. Zum Vergleich: Ein Auto mit einem Verbrauch von 7 Litern Benzin pro 100 Kilometer kommt mit einem Fußabdruck von 1 Kilogramm Kohlendioxid gerade mal 5 Kilometer weit.

16

Tierfutter

Es war Tradition im Hause Röben, jedes Wochenende gemeinsam mit der ganzen Familie zu kochen, am liebsten Filetsteaks. Doch eines Tages sagte Röbens Tochter, für sie bitte kein Steak. Nach und nach schlossen sich ihr die anderen an. Seitdem bringt immer jemand ein leckeres vegetarisches Rezept mit. Eines Tages hatten sie vergessen, Boxerhündin Frida vorher ihr Fressen zu geben. Also machte Röbens Frau Kathrin, während die Familie noch am Tisch saß, eine Büchse Hundefutter auf. Der derbe Fleischgeruch legte sich wie Smog auf ihr vegetarisches Mahl. Und sie mussten einsehen, dass ihre Familie eben doch nicht ohne Fleisch auskam. «Wir sind so inkonsequent», stellten sie fest. Aber es ging ja nicht anders, Hunde brauchen Fleisch. Das dachten sie alle.

Doch dann erinnerte sich Röben an den Anruf zweier junger Frauen, die mit Vegdog ein Start-up für vegane Hundenahrung gegründet hatten. Sie hatten ihm versichert, dass es Erkenntnisse tiermedizinischer Hochschulen gäbe, dass für Hunde vegane Ernährung sogar gesünder als Mischkost sei. Er fand das spannend, nahm es als Unternehmer aber nicht richtig ernst, denn einen großen Markt konnte er nicht sehen. Doch die Diskussion am Familientisch, für ihn stets ein Spiegel der Gesellschaft, ließ ihn die Marktlage bald anders einschätzen.

Hinzu kam, dass der bekannte Hundetrainer-Guru Martin Rütter seine Äußerung, vegane Ernährung für Hunde sei Blödsinn, vor Publikum revidierte. Und wie es der Zufall wollte, kontaktierte ein Headhunter kurz darauf Röben, um ihm einen Sitz im Beirat eines großen Tierfutterherstellers aus Ostfriesland anzubieten. Der Hersteller, ein schnell wachsendes, aber bodenständig geführtes Unternehmen mit einem Umsatz von 400 Millionen Euro im Jahr, wollte ihn für eine neue vegane Sparte an Bord holen. Ein wichtiger Grund für deren Neuausrichtung war, dass in Deutschland immer weniger Schweine gehalten werden, und damit auch weniger für die Futtermittelindustrie übrig bleibt.

Röben nahm den Beiratsposten beim großen Unternehmen aus Ostfriesland an. Mit deren Produkten seine Frida gleich auf vegane Kost zu setzen, ging allerdings nicht. Das Boxermädchen war damals ein halbes Jahr alt, und vegane Ernährung wird für große Hunde erst ab einem Alter von eineinhalb Jahren empfohlen. Der Deutsche Tierschutzbund ist da noch etwas zurückhaltender: Zwar hält er eine vegane Kost für gesunde, ausgewachsene Hunde für «tolerierbar». Doch obwohl der Hund sich im Laufe der Domestizierung an die Diät des Menschen angepasst hat, sieht der Tierschutzbund in ihm primär den Fleischfresser. So bezeichnet er den Menschen als omnivor, den Hund als karni-omnivor und die Katze als streng karnivor.

Die 12 Millionen
Hunde in
Deutschland
verzehren so viel
Schlachtfleisch
wie mehr als
20 Millionen
Menschen.

Trotz solcher Vorbehalte lohnt es sich auszuloten, ob der Hund vom Schlachtfleisch abzubringen ist, wie eine Hochrechnung verdeutlicht: Ein Hund frisst in einem Jahr ungefähr das Zehnfache seines Körpergewichts. Bei einem Körpergewicht von 20 Kilogramm und einem Fleischanteil an der Nahrung von 50 Prozent sind das pro Hund demnach rund 100 Kilogramm Fleisch im Jahr. Die 12 Millionen Hunde in Deutschland verzehren also so viel Schlachtfleisch wie mehr als 20 Millionen Menschen.

Zwar werden für Hunde- und Katzenfutter sogenannte Schlachtnebenprodukte verwendet, doch müssen die laut EU-Verordnung auch für den Menschen «genusstauglich» sein. Oder wie der österreichische Chansonnier Georg Kreisler so schön sang: «Er frisst, was ich noch fressen könnt.»

Hunde werden aus verschiedenen Gründen entwöhnt. Es sei ein Trend, dass Haustiere vermenschlicht werden, sagt Shannon Falconer, Chefin der Tiernahrungsfirma Biocraft Pet Nutrition, auf der ProVeg-New Food Conference Ende September 2022 in Berlin. Deshalb wollten vegan lebende Frauchen und Herrchen ihre vierpfötigen Lieblinge ebenfalls vegan ernähren.

Ein weiteres Motiv schildert Tessa Zaune-Figlar, eine der beiden Gründerinnen von Vegdog, auf ihrer Webseite. Ihr Schäferhundmischling Nelson vertrug sein Fressen nicht. «Die Tierärzte waren ratlos. Es wurde alles ausprobiert, was der Markt zu bieten hatte: hypoallergenes Trocken- und Nassfutter von Tierärzten; Pferdefleisch, Kängurufleisch, Straußenfleisch …» Aber nichts half. Nelsons

Haut juckte, sein Darm rumorte. Als die Tierärztin dann riet, Fleisch komplett wegzulassen, «dachte ich, das sei ein Scherz». Aber natürlich probierte sie es. Nach vier Wochen war Nelson beschwerdefrei und lebte weitere acht glückliche, vegane Jahre. Weil ihr das damalige Tierfutter nicht behagte, gründete sie Vegdog, eine Firma mit heute 15 Mitarbeitenden – die Hunde auf der Team-Webseite nicht eingerechnet.

Inzwischen gibt es eine reiche Auswahl an tierfreier Vollernährung für Hunde. Der vegane Online-Shop Kokku beispielsweise bietet rund 100 verschiedene Produkte an, vom vollwertigen Alleinfuttermittel Farmers Crunch von Vegdog bis zu den veganen Multi Hundekeksen mit Meeresalgen und Spirulina der Firma Yarrah. Weil Pflanzen wichtige Stoffe fehlen, die Hunde nicht in den nötigen Mengen selbst produzieren können, sind den Produkten vor allem Eisen, Vitamin B_{12}, Vitamin D zum Knochenaufbau, Taurin und L-Carnitin zugesetzt, heißt es auf der Kokku-Webseite. Welpen und schwangere Hündinnen brauchen noch einmal besonders hohe Konzentrationen dieser Zusatzstoffe.

Einen gewaltigen Klimafußabdruck hinterlassen auch Katzen. Als reine Räuber ist ihr Stoffwechsel ganz auf tierisches Futter zugeschnitten. Lebenswichtige Stoffe, die nur in Tieren vorkommen, müssen sie komplett mit der tierischen Nahrung aufnehmen. 250 Gramm Futter pro Tag und Katze summieren sich auf 90 Kilogramm pro Jahr, meist reines Tierfleisch. Die 15 Millionen Katzen in Deutschland konsumieren also etwa gleich viel Schlachtfleisch wie die Hunde. Das heißt, dass auf jedes Kilogramm Fleisch für die Menschen ein halbes Kilogramm Fleisch für ihre Haustiere kommt.

Die Möglichkeiten, auf Alternativen auszuweichen, sind bei Katzen limitiert. Der Deutsche Tierschutzbund sieht eine vegetarische Ernährung von Katzen «weit kritischer» als die von Hunden und «eine rein vegane Ernährung von Katzen ist aus Tierschutzsicht abzulehnen». Ein Tierhalter verstößt gegen das Tierschutzgesetz, wenn die Katze wegen Mangelernährung krank wird. «Auch die vorgeblich bilanzierten veganen Fertigfutter im Handel sind in vielen Fällen nicht bedarfsdeckend», so der Tierschutzbund.

Der vegane Onlineshop Kokku sieht das etwas anders und bietet immerhin ein Dutzend vegane Katzenfutter-Produkte an. Allerdings warnt die Webseite vor den Schwierigkeiten, die es mit den in Fragen der Ernährung notorisch heiklen Katzen geben kann, wenn man sie zu Veganern umziehen möchte. Erzwingen kann und sollte man die Umstellung jedenfalls nicht. Der pragmatische Tipp von Kokku: «Sollte die Katze sich partout nicht vegan füttern lassen, können wir dir echt nur zur Toleranz raten. Die Fleischindustrie wird schon nicht die Weltherrschaft an sich reißen, nur weil du deiner Katze Fleisch zu fressen gibst! ☺ »

Einen anderen Rat weiß Shannon Falconer von Biocraft Pet Nutrition: «Kultiviertes Fleisch ist die einzige Option, eine Katze ohne Schlachtfleisch zu ernähren. Ich sehe großes Interesse von Katzenhaltern, weil sie keine andere

Chance haben.» In ein paar Jahren soll es mit dem Fressen aus dem Bioreaktor so weit sein. Falconer sieht aber auch für Hunde einen Markt, weil viele Hundehalter nicht wüssten, dass sie ihren Hund auch vegan ernähren können. «Und selbst wenn sie rational akzeptieren, dass es wissenschaftliche Belege dafür gibt, dass Hunde lang und gesund mit Pflanzennahrung leben können, dann ist da diese Emotion: Oh nein, mein Hund hat Fangzähne und sieht wie ein Wolf aus, deshalb muss ich ihm Fleisch geben.»

17

Tierart

Noch bevor es mit Veggie losging bei Rügenwalder, lud der Chef Christian Rauffus die Geschäftsleitung zu einem ganz besonderen Event ein: Sie sollten mit einem Schwein machen, was sonst ihre Lieferanten erledigten – es schlachten, zerteilen und verarbeiten. Und dann natürlich auch essen. Das war keine Übung aus einem Praxishandbuch für saturierte Manager, und es war auch nicht als Grenzerfahrung oder zur Stärkung des Gruppengefühls gedacht. Rauffus fand einfach, sie sollten persönlich erfahren, dass ihr Geschäftsmodell auf toten Tieren beruht. Röben war mulmig. Er wusste ja, dass einem die unmittelbare Erfahrung eines Einzelschicksals oft näher geht als eine abstrakte Zahl von vielen Schicksalen. Er dachte: «Puh, wenn das mal gut geht.»

Sie trafen sich um sechs Uhr morgens in der Firma. Das Schwein kam mit dem Bauern vom benachbarten Hof. Es hatte ein gutes Leben gehabt und war auch jetzt nicht ängstlich, weil ja der Bauer dabei war. Es wurde fachgerecht getötet und dann gemeinsam ausgenommen und zerlegt. «Die Därme stinken fürchterlich», erinnert sich Röben, aber sie brauchten sie ja für die Wurst. Was ihn wunderte: Das befürchtete Grausen blieb aus, er empfand keine Abscheu vor ihrem Tun. Das Schwein hatte gut gelebt, und es wurde ohne Hektik getötet. «Es wurde nicht gelacht, es war eine gute, würdige Stimmung», sagt Röben. Am Ende also kam er mit dem aktiv herbeigeführten Schicksal des einen Schweins besser zurecht als mit dem nur passiv beobachteten Schicksal der Massen in den Schlachthöfen.

Der Genuss hielt sich allerdings in Grenzen. Am Abend aßen sie vom Fleisch, die Wurst bekamen sie mit nach Hause. «Das war ganz deftige Hausmannskost mit 50 bis 60 Prozent Fett, das hatte nichts mit der Wurst zu tun, die man sonst im Supermarkt bekommt.» Röbens Frau und Tochter sagten: «Bleib mir bloß weg mit dem Zeug!» Also fror er die Wurst ein und aß sie nach und nach selbst, «aus Ehrfurcht», wie er sagt, denn: «Du hast das Schwein ja getötet. Es wegzuwerfen, wäre noch fieser.»

Will man Tierleid und Klimafußabdruck verringern, kann man als Konsument auf eine tierfreundlichere Haltung Wert legen und seinen gewohnten Konsum von Fleisch, Wurst, Milch und Eiern reduzieren. So weit die pragmatische Sicht. Es gibt darüber hinaus noch eine, sagen wir, ultrapragmatische Sicht, die auch die Tierart berücksichtigt. Das ist durchaus ein relevanter Aspekt, denn die Tierart spielt sowohl bei der Umweltbelastung als auch beim Tierwohl eine Rolle.

Das Rind ist, was die Umweltbelastung angeht, die mit Abstand problematischste Art. Verglichen mit einem ebenso großen Stück Schweine- oder Hühnerfleisch hat ein Rindersteak, bis es auf dem Teller landet, einen etwa zehnmal so großen Klimafußabdruck hinterlassen, und es hat sechsmal so viel Land sowie Wasser verbraucht. Wer also im Restaurant oder an der Fleischtheke der Verlockung nicht widerstehen will, tut gut daran, Huhn statt Rind zu kaufen. Damit reduziert sich der negative Effekt auf die Umwelt um mehr als 80 Prozent.

Tierleid ist zwar nicht messbar, aber auch hier lohnt sich der Vergleich: Säugetiere wie Schweine, Rinder und Schafe stehen uns verwandtschaftlich näher als andere Wirbeltiere wie Vögel und Fische oder gar Nicht-Wirbeltiere wie Schnecken, Muscheln und Insekten. Das verraten auch unsere Emotionen: So wird ein Schwein vermutlich bei jedem Menschen mehr Mitgefühl wecken als ein Karpfen – und erst recht als eine Fliege.

An der verwandtschaftlichen Nähe lässt sich grob die Intelligenz ablesen, auch wenn es Ausnahmen wie Rabenvögel oder Tintenfische gibt, die als besonders intelligent gelten. Von der Intelligenz auf die Empfindsamkeit zu schließen, ist heikel, denn auch Hühner, Fisch und Insekten wehren sich verzweifelt dagegen, getötet zu werden. Doch auch ein Veganer wird an einem Sommertag sein Auto benutzen, obwohl dabei Hunderte Insekten ihr Leben lassen.

Geringe Intelligenz und damit vermutlich Empfindsamkeit wird auch Muscheln zugeschrieben. Sie haben kein Gehirn, sondern nur am Schalenrand verlaufende Nervenstränge. Bei den als Delikatesse geschätzten Kammmuscheln, etwa der Jakobsmuschel, schädigt vor allem der Fang mit speziellen Schleppnetzen die Umwelt, da er das

Ökosystem des Meeresbodens zerstört. Die Muscheln in Aquakultur zu züchten, kann die Umwelt ebenfalls belasten. Auch der Transport von anderen Kontinenten in unsere Märkte kostet viel Energie.

So gibt es sogar für Muscheln pflanzliche Alternativen, die gegenüber den Meeresfrüchten noch mit einem großen Plus aufwarten: Die Plant Based Seafood Company wirbt damit, dass ihr Muschelfleisch der Marke Mind Blown Sea Scallops nicht nur genauso schmeckt wie echte Jakobsmuscheln, sondern auch ungekühlt lange haltbar sind. Wer sich schon einmal den Magen an Muscheln verdorben hat, wird das zu schätzen wissen.

18

Alternative Proteinquellen

Seit biblischen Zeiten plagen Heuschreckenschwärme die Menschheit. Ein Trost: Es regnet dann tierisches Protein vom Himmel, was die Menschen auch entsprechend nutzen. In unseren gemäßigten Breiten sind wir anders sozialisiert und reagieren tendenziell mit Ekel, wenn wir an den Verzehr von Insekten denken. Dass die frisch vom Kutter geholten, noch am Hafen gepulten und genüsslich verspeisten Krabben nach Größe, Taxonomie und Aussehen weit mehr mit Heuschrecken als mit Schweinen gemein haben, ist zwar allgemein bekannt – es geht hier aber um Ernährung und Gewohnheiten, da muss die Ratio schon mal hintanstehen.

In einer Talkshow für Sat.1 zum Thema alternatives Essen saßen um das Jahr 2015 die Vertreter verschiedener Richtungen zusammen: Godo Röben für die vegetarische Linie, Mark Post, der Vater des ersten «Laborburgers», für Fleisch aus Zellkulturen und ein Dritter für Insektenmahlzeiten. Röben probierte die Heuschreckensnacks – und fand sie knusprig und lecker, Ekel empfand er nicht. Doch wann immer er davon erzählte, erntete er Abscheu. Und glaubt deshalb nicht, dass wir als Gesellschaft unsere kulturell so tief sitzende Abneigung so schnell überwinden werden. Allerdings: «Für Tierfutter sind Insekten absolut sinnvoll», findet er. Auch wenn ihn Videos über Insektenzuchten noch immer gruseln.

Vorbehalte gegen die Krabbeltiere sind unserer Esstradition geschuldet, die die Schweinshaxe goutiert, aber mit der knusprigen Wanderheuschrecke fremdelt. In manchen Ländern ist es eher andersherum. Grausen hin oder her, Insekten sind auch bei uns längst Nahrungsmittel. Das Schweizer Unternehmen Essento beispielsweise verarbeitet Hausgrillen, Wanderheuschrecken und Mehlwürmer, und bietet sie an: als Pulver zum Backen und Kochen, als Burger und Bällchen, als Proteinriegel und als «super knusprige» Snacks – in Geschmacksrichtungen wie alpine Kräuter, Schoko und Zimt.

Anders als Godo Röben ist Essento-Gründer Christian Bärtsch zuversichtlich, dass Insekten ihren Nischenmarkt verlassen werden, wenn die Preise dank der großen Farmen, die derzeit gebaut werden, sinken. Die Vorteile von Insekten als Nahrung sind für ihn einfach bestechend: Ihre Proteine enthalten alle Aminosäuren, die wir mit der Nahrung aufnehmen müssen, dazu ungesättigte Fettsäuren, Eisen, Vitamine und andere wertvolle Substanzen. In der Massenhaltung, so Bärtsch in einem Kommentar in der Fachzeitschrift «New Meat», könne ganz auf Antibiotika und Hormone verzichtet werden. Zudem sei die Haltung sehr effizient: Im Vergleich zum Rind hinterlassen die Insekten einen tausendmal kleineren Klimafußabdruck, verbrauchen hundertmal weniger Wasser und zehnmal weniger Futter. Und das stammt zudem aus soge-

Warum genießen wir Krabben, aber keine Heuschrecken?

nannten Seiten- oder Nebenströmen, sprich, aus Abfällen bei der Landwirtschaft und Lebensmittelproduktion.

In Deutschland werden jährlich rund 2,5 Millionen Tonnen Lebensmittel aussortiert, wie das Umweltbundesamt meldet. In der heimischen Mülltonne landen dann noch einmal 6,5 Millionen Tonnen. Ein Bürger wirft umgerechnet jährlich 78 Kilogramm Essen weg, also deutlich mehr, als er an tierischem Fleisch konsumiert. Wer weiß, vielleicht werden unsere Küchenreste künftig die Hausgrillen im heimischen Terrarium mästen?

Die Massenhaltung von Insekten ist auch ethisch weit weniger problematisch als die von Schweinen und Kühen. Wenn man etwa Hausgrillen zu Tausenden in Kisten übereinanderstapelt, ist das keine Tierquälerei, sondern entspricht einer artgerechten Haltung, denn das Heimchen mag es dunkel und wuselig. Wie man das Töten von Insekten ethisch bewerten möchte, lässt sich wohl nicht abschließend klären. Vegetarisch sind Insektensnacks definitiv nicht, auch wenn sie die Probleme der üblichen Massentierhaltung massiv reduzieren.

Insekten sind nur eine Möglichkeit, alternative Proteinquellen für den menschlichen Speiseplan zu erschließen. Und laut Good Food Institute hat Deutschland «alle Voraussetzungen dafür, ein globaler Innovationsführer im Bereich alternativer Proteine zu werden». Das läge an der hervorragenden Wissenschaftslandschaft, der leistungsfähigen Infrastruktur und der innovativen Start-up-Szene.

So können zum Beispiel auch Pilze alternative Proteine liefern. Firmen wie Meati Foods kultivieren das Mycel, die unterirdischen Pilzfäden, um daraus fleischähnliche Stücke zu formen. Das in Barcelona ansässige Start-up Libre verwendet dagegen den oberirdischen Fruchtkörper eines Pilzes, um daraus Bacon zu machen. «Wir sehen es als den Beginn einer Lebensmittelrevolution», sagt Alan Ramos, Chef von Libre. Der Speck wartet auch mit positiven Nährwerten auf: Im Vergleich zum Schweine-Bacon hat er 70 Prozent weniger Fett und 18 Prozent weniger Salz – und nur halb so viele Kalorien.

Große Hoffnungen setzt die Branche der alternativen Proteine auf die Fermentation, die aus Pflanzen Nährstoffe gewinnt, die sie eigentlich gar nicht enthalten. Ein Bericht des Good Food Institute über den Stand der Fermentation begrüßt Branchen-Neulinge mit den Worten: «Bleiben Sie eine Weile, wachsen Sie mit uns und verändern Sie die Welt.»

Bei der Biomasse-Fermentation sind die Mikroorganismen selbst die Nährstoffquelle. Bei der Präzisions-Fermentation dagegen bringt man Mikroorganismen dazu, wertvolle Stoffe zu produzieren, wie Casein, Molkenproteine oder Myoglobin, die Pflanzenprodukte aufwerten und fleischähnlicher machen können. Das Unternehmen Perfect Day etwa beliefert mit seinen Proteinpulvern etliche Firmen, die sie dann tierfreier Schokolade, Shakes, Nahrungsergänzungsmitteln, veganer Milch, Eiscreme und Frischkäse zusetzen.

Von den weltweit 136 Fermentations-Unternehmen, die das Good Food Institute 2022 auflistet, beschäftigen sich 70 mit Biomasse-, 62 mit Präzisions- und vier mit traditioneller Fermentation. In Deutschland sind insgesamt zehn Firmen angesiedelt. Es hat damit nach Israel mit elf und den USA mit 42 Firmen die drittmeisten Firmen weltweit und die meisten in Europa. Zusätzlich beschäftigen sich mindestens 100 etablierte Lebensmittelfirmen mit Fermentation. Und das soll erst ein Anfang sein. Seren Kell, Science and Technology Manager beim Good Food Institute, sagt: «Was die Möglichkeiten von Fermentation betrifft, kratzen wir aktuell nur an der Oberfläche.»

Um die Mikroorganismen zu füttern, wird an Abfällen geforscht, die oft selbst für Insekten nicht infrage kommen. Es geht dabei zum Beispiel um stärkehaltige Abwässer der Kartoffelverarbeitung, um Olivenöl, Molasse, Jackfrucht-Samen, Gas und sogar Industrieabfälle. Die Luxemburger Firma Connectomix Bio experimentiert beispielsweise mit Gas aus Maisschalen. Würden die Schalen auf dem Acker liegen bleiben, entstünde daraus klimaschädliches Methangas. Fängt man das Gas ein, lassen sich daraus durch Fermentation fleischtypische Fettsäuren gewinnen. Das Projekt besitzt auch noch den Charme, dass Landwirte ihre Arbeitsweise beibehalten und dabei trotzdem etwas ganz Neues schaffen können. Die Firma Revyve aus der Schweiz dagegen verwendet recycelte Bierhefe, die in großen Mengen beim Bierbrauen anfällt. Sie verarbeiten die Hefe zu Proteinen und Fasern.

Wie die Mikroorganismen lassen sich auch die Pflanzen genetisch so manipulieren, dass sie wertvolle Substanzen produzieren. Bei dieser Technik, genannt Molecular Farming, können die Proteine nach der Ernte isoliert und aufgereinigt werden. Am Ende bleibt ein Protein-Pulver übrig, das als Zutat für alternative Fleischprodukte dient. Die Firma Nobell Foods etwa züchtet Sojabohnen, die Casein und Molke herstellen.

In einigen Jahren könnte unser Fleischangebot also um einiges vielfältiger sein, wenn weitere Produkte mit alternativen Proteinen auf den Markt kommen. In einer Fleischtheke der Zukunft liegen dann neben Schweinenacken und Hähnchenkeulen auch Insektensnacks, Pilzschnitzel, mit tierischen Proteinen angereicherte Pflanzensteaks und kultivierte Filets aus dem Bioreaktor.

19

Milchprodukte und Ei

Die vegetarische Wurst lief gut bei Rügenwalder. Röben war zufrieden, denn wenn keine Tiere geschlachtet werden müssen, hatten sie ihr Hauptziel ja erreicht, so sein Stand damals. Doch dann überzeugte ihn Jan Bredack, Vorstandsvorsitzender der Veganz Group, dass Vegan die Zukunft ist. Denn auch Milch und Eier stammen überwiegend aus der Massentierhaltung – womit man doch wieder beim Thema Tierleid und Klima ist. Das leuchtete Röben ein. Also stellten sie bei Rügenwalder nach und nach alle vegetarischen Produkte auf Vegan um. Ein Produkt aber sperrte sich: Für ihr vegetarisches Cordon Bleu fanden sie einfach keinen überzeugenden Käse.

Also gab Röben der stellvertretenden Entwicklungschefin von Rügenwalder den Auftrag, veganen Käse herzustellen. «Sie war sonst immer sehr aufgeschlossen, aber diesmal kam so ein Murren», erinnert sich Röben. Er sah sich eine Zeit lang an, wie lustlos sie bei der Sache war, und nahm sie dann beiseite. Sie sagte: «Das Projekt Käse geht komplett gegen meine Idee.» Denn Käse bestehe aus Milch, Punkt. Analogkäse, den die Medien schon ziemlich kritisiert hätten, brauche dagegen mindestens sieben oder acht Zutaten. «Das habe ich dann verstanden», sagt Röben.

Ohne die vielen Zutaten würden sie das nicht hinbekommen, denn was Käse ausmache, seien vor allem die tierischen Produkte Lab und Casein. Und die kommen in Pflanzen eben nicht vor.

Oder doch? Kürzlich hatte Röben «wieder so ein Aha-Erlebnis» – dank der Leute von Formo, einem Start-up in Berlin. Die imitieren Käse nicht, indem sie Pflanzenbrei chemisch so weit aufpeppen, dass dieser mit etwas gutem Willen als käseartig durchgeht. Sie bauen vielmehr mit den Mitteln der Präzisions-Fermentation die Grundstoffe der Milch nach, um daraus dann naturidentischen Käse herzustellen. Wie Formo forschen etliche Firmen daran, tierische Proteine von Mikroorganismen nachbauen zu lassen. Ein Zukunftsmarkt, der nahezu unbegrenzte Möglichkeiten eröffnet.

Wie wichtig der Markt für Milchprodukte jetzt schon ist, zeigt ein Blick auf die Umsätze in Europa: Im Jahr 2022 lagen Fleisch und Milch aus Pflanzen mit 2 und 2,2 Milliarden Euro etwa gleichauf. An Milchprodukten kommen noch Joghurt mit 470 Millionen Euro dazu, Eis mit 170 sowie Käse und Sahne mit je 140 Millionen Euro. Die Marktanteile sind dabei recht unterschiedlich verteilt: Während Milch bereits einen Anteil von 11 Prozent erobert hat, konnte Käse mit nur 0,4 Prozent die Liebhaber von Gruyère und Gorgonzola noch nicht wirklich überzeugen.

Doch die Branche arbeitet weiter am Käse: Die Bel Gruppe hat für ihren kleinen, mit rotem Wachs überzogenen Babybel bereits eine grün umhüllte vegane Variante auf den Markt gebracht. Im Mai 2023 kam der herzhaftere

Sojamilch
flockt aus,
dickt ein und
reift zum Käse
heran.

Babybel «White Cheddar» dazu. Ganz zufrieden scheint die Firma damit aber noch nicht zu sein. So ging die Bel Gruppe eine Kooperation mit dem Biotech Start-up Climax Foods ein, das mithilfe künstlicher Intelligenz Datenbanken nach noch geeigneteren Pflanzen als Käsebasis durchforstet. Bel ist glücklich über die Zusammenarbeit, denn so eine Suche nach der richtigen Pflanze sei «ein Albtraum für Leute wie uns», sagt Caroline Sorlin von Bel. Ziel ist es, im Jahr 2024 vegetarische Varianten der verschiedenen Babybel-Käselaibchen auf den Markt zu bringen, die den tierischen Vorbildern zum Verwechseln gleichen – die also ebenso schmecken, beim Erwärmen schmelzen, Fäden ziehen und auch noch so nahrhaft sind.

Einen spannenden Weg, dem Käse aus tierischer Milch möglichst nahezukommen, geht das erst 2020 gegründete Start-up Færm aus Dänemark. «Mit Forschung, Dickköpfigkeit und unzähligen Versuchen haben wir das Unmögliche geschafft», schwärmt die Firma auf ihrer Webseite. Sie können den Prozess der Käseherstellung vollständig nachahmen – ihre Sojamilch flockt aus, dickt ein und reift zum Käse heran. Sojafreie Käsesorten sollen folgen. Für den Prozess verwenden sie Milchsäurebakterien und Lab, ein Gemisch aus den beiden Enzymen Chymosin und Pepsin. Kälber und andere neugeborene Wiederkäuer produzieren Lab, um die Muttermilch verwerten zu können. Käsehersteller sind zum Glück nicht auf Lab aus echten Säugetierbaby-Mägen angewiesen, da sich ähnliche Enzyme auch in Labkräutern finden und sich Chymosin schon seit 1988 biotechnologisch gewinnen lässt.

Auch Traditionsfirmen werden von der Innovationsfreude der Branche mitgerissen. So will die niederländische Firma Avico Rixona «nicht länger ignorieren, dass Pflanzenbasiert boomt». Weil das Unternehmen seit über 100 Jahren auf Kartoffelpulver spezialisiert ist, bietet es neuerdings – vermutlich als die größte Innovation der Firmengeschichte – mit Potato Cheezz einen Käse aus Kartoffeln an. Der sieht wie tierischer Käse aus, schmeckt so und hat auch eine ähnliche Textur, wie die Firma beteuert. Die Basisvariante ist zudem fettfrei, nur der Variante zum Überbacken sind 12 Prozent Rapsöl zugesetzt. Die heimische Pizza muss allerdings noch mit anderen Käsesorten auskommen, denn bislang beliefert Rixona den Einzelhandel nicht.

Neben alternativen Milch- und Fleischprodukten wird auch an pflanzlichem Ei gearbeitet. Um von den industriellen Legebatterien wegzukommen, gründeten Josh Tetrick und Josh Balk schon 2011 in Kalifornien die Firma Beyond Eggs, die heute Eat Just heißt. Nur fünf Jahre nach der Gründung wurde das Start-up bereits mit über einer Milliarde Dollar bewertet. Das Ei aus der Flasche, das vor allem als Rührei sowie zum Kochen und Backen gedacht ist, enthält je fünf Teile Fett und Protein und einen Teil Kohlenhydrate. Anders als Hühnerei ist es frei von Cholesterin.

Neben Eat Just drängen sich weitere Firmen auf dem Eiermarkt, wie etwa das Berliner Start-up Perfeggt mit seinem Eiersatz aus Erbsenprotein. Den Leuten von Neggst ist Flüssigei offenbar zu banal. Sie wollen nichts weniger als ein komplettes Ei naturgetreu nachbilden – mit Dotter, Eiweiß und Schale. Das Team um Verónica García-Arteaga ist hier weltweit Vorreiter. Entstanden ist die Idee vom ganzen Ei am Fraunhofer-Institut für Verfahrenstechnik und Verpackung IVV in Freising, wo García-Arteaga daran forschte. Ihr Ei sollte sich nicht wie ein Ei-Ersatz, sondern wie ein «Upgrade» anfühlen. «Egg-citing things are coming», so ihr Motto. Ein freier Verkauf ist geplant.

Und auch jenseits des Lebensmittelmarkts sind Tieralternativen auf dem Vormarsch: Es gibt vegane Parfüms und vegane Lederimitate, rein pflanzliche Farbstoffe und vieles mehr. «Tiere wie Kühe, Biber, Fische, Schafe und Pottwale werden oft ausgebeutet, um Inhaltsstoffe für Kosmetika und Drogerieartikel herzustellen», beklagt die britische Vegan Society, mit «grausamen Praktiken» bei Herstellung und Testung. Die 1944 gegründete Society führte 1990 ein Vegan-Label für Lebensmittel ein, das sie später auf andere Bereiche ausweitete. 2005 bekam die erste Kosmetikmarke das Label, und nicht einmal 20 Jahre später wurde das 30 000. vegane Kosmetikprodukt registriert. Inzwischen machen Kosmetik- und Drogerieartikel sogar die größte Gruppe unter den insgesamt 65 000 Produkten aus, die das Label führen dürfen.

20

Gastronomie

Gelegentlich wurde im Hause Röben türkische Pizza von der Dönerbude bestellt. Auch der Betreiber des Gastrobetriebs im beschaulichen Brake ging mit der Zeit, denn eines Tages bot er die Pizza auch als vegetarische Variante an. Sie schmeckte vorzüglich – und eigentlich wie immer. Röben sprach den Inhaber darauf an und zollte ihm Respekt dafür, dass er in seiner Küche jetzt auch vegetarisches Hack verwendete. «Nein, nein», antwortete der, das Hack sei natürlich echt, das gehöre bei einer türkischen Pizza unbedingt dazu.

Der eher laxe Umgang mit der Bedeutung von vegan ist auch andernorts zu beobachten. In Herne beispielsweise machte Mitte 2022 ein neues Restaurant auf, das neben dem Halal-Logo auch mit dem Vegan-Logo wirbt. Wer sich nun freut, dass auch in Herne die neue tier- und klimafreundliche Zeit Einzug hält, wird bei einem Blick in die Speisekarte enttäuscht: Als tierfreies Hauptgericht gibt es einen Falafel-Teller. Ansonsten Fleisch, Fleisch, Fleisch. Höhepunkt der Fleischorgie ist der Block «Grillgerichte» mit Fleischbergen zu je einem Kilogramm.

Tatsächlich finden sich vegetarische und vegane Gerichte eher in der Systemgastronomie. Im Ranking der Organisation ProVeg von 2023 stand die Burgerkette Hans im Glück wie schon im Jahr zuvor auf dem ersten Platz, dicht gefolgt von Peter Pane. «Die beiden Burgerketten überzeugen mit einer großen Auswahl an pflanzlichen Hauptgerichten und Beilagen sowie ganzheitlichen Konzepten», so das Urteil der Jury. Inzwischen ist bei Hans im Glück die Hälfte aller verkauften Speisen vegan. Auf Platz drei liegt die Pizzakette Domino's, dahinter das mexikanische Restaurant Enchilada, Dean&David und Vapiano.

Auf Platz sieben folgt dann mit Burger King ein Superschwergewicht der Branche. Es gibt fast alle Gerichte auch vegetarisch und vegan, und sogar rein vegane Niederlassungen. In London experimentierte Burger King damit schon 2022, als das Flagship-Lokal für einen Monat alle tierischen Produkte verbannte – nach einer gründlichen Reinigung, versteht sich. Offenbar kam das gut an, denn Restaurants in anderen Ländern folgten dem Beispiel. Der Bulettenbrater hat sich vor allem beim Marketing hervorgetan. «Burger King punktet mit einer offensiven Bewerbung der Plant-based-Produkte», lobt die ProVeg-Jury. Einen Marketing-Coup landete Burger King, als es die österreichische Bevölkerung mit dem Slogan «Normal oder mit Fleisch?» konfrontierte. Konkurrent McDonald's liegt abgeschlagen auf Platz 21.

Positiv überrascht hat die Jury die Fisch-Kette Nordsee, denn dort finden sich auf der Speisekarte pflanzliche Alternativen für Räucherlachs, Thunfisch und Garnelen. Wichtig sei, so Kathleen Gerstenberg von ProVeg, die tierfreien Produkte attraktiv zu platzieren, und sie sollten auch nicht teurer sein – da sei es besser, eventuelle Mehrkosten auf alle Angebote umzulegen. Zwei Drittel der gelisteten Restaurantketten beherzigen das bereits. Es helfe auch, die ökologischen Vorteile zu betonen oder auf der Speisekarte direkt neben den Fleischburgern auf die pflanzliche Alternative hinzuweisen. Nur wer für Attraktivität und Preisgleichheit sorge, könne die Flexitarier als größte Zielgruppe gewinnen, die «nicht bedingungslos zur Veggie-Option greift».

Das Fazit von ProVeg: «Ein Großteil der Restaurantketten hat das Thema plant-based für sich erkannt. Vor allem die Aufsteiger und Top-Platzierten des Rankings gestalten damit die globale Ernährungswende mit.» Damit sich der Trend fortsetzt, unterstützt ProVeg Food Services Unternehmen bei der Neuausrichtung. Das Kalkül dahinter: Während bislang Vegetarier und Veganer durch ihre Nachfragen Restaurants dazu bewegen konnten, tierfreie Alternativen anzubieten, könnte die Gastronomie vom Getriebenen auch zum Treiber werden. Kathleen Gerstenberg: «Die Systemgastronomie trägt aufgrund ihrer großen Reichweite einen wichtigen Teil dazu bei, Gäste an gesünderes und nachhaltigeres Essen heranzuführen, und stößt so ein Umdenken an.»

Für Kantinen gelten noch einmal andere Regeln als für die freie Gastronomie. Mitarbeiter haben üblicherweise nur die Wahl zwischen Kantine und mitgebrachtem Henkelmann – Marktpositionierung und Imagepflege spielen deshalb für die Verpflegung in Unternehmen keine große Rolle. Kantinen können experimentierfreudiger sein als

Gastronomien im freien Markt, wenn sie nicht aus Tradition beharrlich auf Bockwurst und Schnitzel setzen. Einer Studie von Nestlé zufolge bieten neun von zehn Kantinen und Mensen vegetarische Gerichte an. Dazu zählen allerdings auch die immer gleichen matschigen Gemüseaufläufe, die Vegetarier gezwungenermaßen verspeisen, die aber keinen Flexitarier locken, wenn an der Grillstation nebenan das Kotelett brutzelt.

Um auch den Gelegenheitsvegetarier zu ködern, gibt es neben der veganen Currywurst – mittlerweile in drei Viertel aller Uni-Mensen und knapp der Hälfte aller Kantinen im Angebot – zunehmend auch andere Tierersatzgerichte: So bietet beispielsweise der Kantinenbelieferer Hofmanns in Kooperation mit dem Münchner Unternehmen Planty of Meat seinen Klassiker «Gelbes Curry Butter Chicken Style» jetzt auch in einer veganen Variante an. Allerdings rechnen nur 15 Prozent der Kantinenchefs in Zukunft mit einer stärkeren Nachfrage nach Fleischersatzprodukten.

Mutiger als in klassischen Unternehmen können die Kantinenbetreiber in Universitäten sein, mit ihrer eher gebildeten und jungen Klientel. Der Nestlé-Studie zufolge sagen zwei Drittel der Mensaleiter, dass sie auf die Nachfrage der Studierenden reagieren, während in den Betrieben primär die Unternehmensleitung mehr Nachhaltigkeit einfordert. Mit dem Rückenwind ihrer Studierenden hat die Universität Bonn gezeigt, was geht: Im Mai 2023 servierte sie in der Mensa am Hofgarten ihren täglich 10 000 Gästen ausschließlich vegetarische und vegane Speisen. Von Zwang zum Verzicht will Jürgen Huber vom

Studierendenwerk Bonn nichts wissen, er sieht den Aktionsmonat vielmehr als «Angebot an alle, eine pflanzlich basierte Ernährungsweise einfach mal auszuprobieren».

Und selbst bei den vermutlich hartgesottensten Fleischessern im Mutterland der Currywurst ist die Trendwende erkennbar: So kooperieren der VfL Bochum mit The Green Mountain und Borussia Dortmund mit der Rügenwalder Mühle, um den Fußballfans die unverzichtbare Stadionwurst auch auf Pflanzenbasis anbieten zu können.

Damit sich der Trend in Zukunft fortsetzt, unterstützt der Verband der Köche Deutschlands e.V. mit ihrem «Plant Based Projekt» die Berufsschulen dabei, den Lehrenden «Nachhaltigkeit und pflanzliche Kochkunst» nahezubringen. So ist für die Köche von morgen ein vegetarisches Essen keines, bei dem man halt das Fleisch weglässt, sondern ein sinnvoller und gleichwertiger Ersatz für die klassischen Mahlzeiten, für die Tiere sterben und viele Ressourcen verbraucht werden müssen.

Wenn in unseren Mensen, Kantinen und Gaststätten Vegan und Co das neue Normal sein werden, sind wir da angekommen, wohin Vordenker wie Godo Röben, ProVeg International, das Good Food Institute, etliche Start-ups und Unternehmen jetzt streben – bei einer nachhaltigen, gesunden und ethischen Ernährung für die gesamte Weltbevölkerung.

Originalausgabe
Veröffentlicht im Rowohlt Verlag, Hamburg, November 2023
Copyright © 2023 by brand eins Verlag Verwaltungs GmbH, Hamburg
Lektorat Gabriele Fischer, Holger Volland
Faktencheck Katja Ploch
Projektmanagement Hendrik Hellige, Daniel Mursa
Covergestaltung Mike Meiré / Meiré und Meiré
Satz aus der Sabon bei Pinkuin Satz und Datentechnik, Berlin
Druck und Bindung GGP Media GmbH, Pößneck
ISBN 978-3-98928-009-0